THOMAS GERHOLD

Zweckverfehlung und Vermögensschaden

Schriften zum Strafrecht
Heft 77

Zweckverfehlung und Vermögensschaden

Von
Dr. Thomas Gerhold

Duncker & Humblot · Berlin

CIP-Titelaufnahme der Deutschen Bibliothek

Gerhold, Thomas:
Zweckverfehlung und Vermögensschaden / von Thomas
Gerhold. - Berlin : Duncker u. Humblot, 1988
  (Schriften zum Strafrecht ; H. 77)
  Zugl.: Köln, Univ., Diss., 1987
  ISBN 3-428-06536-0
NE: GT

Alle Rechte vorbehalten
© 1988 Duncker & Humblot GmbH, Berlin 41
Satz: Irma Grininger, Berlin 62
Druck: Berliner Buchdruckerei Union GmbH, Berlin 61
Printed in Germany
ISBN 3-428-06536-0

Vorwort

Die Abhandlung hat im Wintersemester 1987/88 der Rechtswissenschaftlichen Fakultät der Universität zu Köln als Dissertation vorgelegen. Für die Drucklegung konnten Rechtsprechung und Schrifttum bis zum 31.12.1987 berücksichtigt werden.

Herrn Prof. Dr. Dr. h.c. Hans Joachim Hirsch, der die Arbeit angeregt und bis hin zur Drucklegung gefördert hat, bin ich zu besonderem Dank verpflichtet.

Frau Assessorin Andrea Strien und Herrn Rechtsanwalt Hans-Leo Bock danke ich herzlich für Ihre stetige Bereitschaft zur kritischen Diskussion.

Zu danken habe ich schließlich dem Verlag Duncker & Humblot für die Aufnahme der Arbeit in die Reihe „Schriften zum Strafrecht".

Köln, im Juli 1988

Thomas Gerhold

Inhaltsverzeichnis

A. Einführung und Problemstellung — 11

B. Entstehung der Zweckverfehlungslehre — 14

C. Die Zweckverfehlungslehre beim Betrug — 17

I. Ganz oder teilweise unentgeltliche Leistungen 17

1. Meinungsstand 18
   a) Auffassungen, die den Betrug als unbewußte Selbstschädigung charakterisieren 18
   b) Auffassungen, die keine unbewußte Selbstschädigung verlangen . 19
2. Funktion des Zweckverfehlungsgesichtspunkts 20
   a) Rechtsprechung 20
   b) Literatur 21
3. Gegen die Zweckverfehlungslehre erhobene Bedenken 21
4. Bedeutung des Kriteriums der unbewußten Selbstschädigung 22
5. Bisherige Begründungsversuche für die Vermögensrelevanz der sozialen Zweckverfehlung 25
   a) Die personalen Vermögenslehren 25
   b) Die zwischen privatem und staatlichem Vermögen differenzierenden Auffassungen 27
   c) Die Zweckerreichung als Erfüllung sittlicher Verbindlichkeiten .. 29
   d) Das Kriterium der wirtschaftlichen Relevanz 31
   e) Zweckverfehlung als Verletzung von Treuhänderpflichten 32
   f) Die Zweckerfüllung als Gegenstand der gegenseitigen Leistungspflicht 33
6. Eigene Lösung 36
   a) Der Kommerzialisierungsgedanke als Ausgangspunkt einer Vermögensbewertung „sozialer" Zwecksetzungen 37
   b) Abgrenzung von vermögensrelevantem Zweck und bloß dispositionsbestimmendem Motiv 41

       aa) Notwendigkeit eines von der Art und Weise der Zweckerreichung unabhängigen Abgrenzungskriteriums 41

       bb) Ausgleichsansprüche wegen Zweckverfehlung als Abgrenzungskriterium 41

  7. Praktische Konsequenzen 45

    a) Subventionsbetrug 45

    b) Spendenbetrug 47

    c) Bettelbetrug 51

    d) Schlußfolgerungen 53

  8. Tatbestandssystematische Erfassung vermögensrelevanter Zwecksetzungen 54

    a) Berücksichtigung im Zusammenhang mit dem Erfordernis der unbewußten Selbstschädigung 54

    b) Berücksichtigung beim Vermögensschaden 55

    c) Stellungnahme 55

  9. Ausscheidung bewußter Selbstschädigungen? 56

    a) Verbleibender Anwendungsbereich für ein Erfordernis der unbewußten Selbstschädigung 57

    b) Dogmatische Berechtigung eines Erfordernisses der unbewußten Selbstschädigung 59

       aa) Schwierigkeiten einer solchen Tatbestandsrestriktion 59

       bb) Der Irrtum als eigentliche Quelle der Vermögensverfügung . 61

       cc) Der Gesichtspunkt der Kausalität 62

       dd) Die Notwendigkeit einer Abgrenzung zum Diebstahl 62

       ee) Die Existenz eines funktionalen Zusammenhangs der Betrugsmerkmale 63

       ff) Der Betrug als Sonderfall der mittelbaren Täterschaft 64

       gg) Teleologische Erwägungen 66

 10. Ausschluß sozialadäquater Täuschungen? 67

II. Zweckverfehlung bei Zufluß einer wirtschaftlich gleichwertigen Gegenleistung 68

  1. Meinungsstand 68

    a) Befürworter 68

    b) Gegner 69

  2. Stellungnahme 70

III. Ergebnis 73

D. Schlußfolgerungen — 75

I. Die Bedeutung des Zweckverfehlungsgesichtspunkts für andere Vermögensdelikte 75

   1. Untreue 75

   2. Erpressung 77

II. Die Auswirkungen des Zweckverfehlungsgesichtspunkts auf die Interpretation des § 264 78

   1. Das Rechtsgut des § 264 78

   2. Konsequenzen der Rechtsgutsbestimmung für Deliktsnatur und Konkurrenzen 79

Literaturverzeichnis 81

A. Einführung und Problemstellung

Die Lehre von der sozialen Zweckverfehlung gilt nach wie vor als ungelöstes Problem der Vermögensdelikte[1]. Kernstück dieser Lehre ist die Annahme, daß die Hingabe einer vermögenswerten Position nicht nur durch die Erlangung einer wirtschaftlich gleichwertigen Gegenleistung, sondern auch durch die Erreichung eines außerwirtschaftlichen, sozialen Zwecks kompensiert werden könne[2].

Der Hauptanwendungsbereich dieser Lehre liegt bei ganz oder teilweise unentgeltlichen Leistungen. Klassische Anwendungsbeispiele sind der Bettel- und Spendenbetrug, bei denen der Täter die Hingabe von Almosen durch die Vorspiegelung erreicht, er sammle für wohltätige Zwecke oder sei selbst hilfsbedürftig. Ähnlich verhält es sich beim Subventionsbetrüger, der vortäuscht, die Voraussetzungen für die Mittelvergabe zu erfüllen[3].

Weitergehend wird die Zweckverfehlungslehre teilweise auch zur Schadensbegründung bei wirtschaftlich ausgeglichenen Geschäften herangezogen, wenn mit diesen ein über die Erlangung des wirtschaftlichen Gegenwertes hinausgehender sozialer Zweck verbunden ist, der infolge der Täuschung verfehlt wird[4]. So wird ein Schaden beispielsweise darin gesehen, daß einer Stiftung, die zur Förderung des Nachwuchses nur Werke junger unbekannter Künstler erwirbt, das Gemälde eines arrivierten Malers als Werk eines jungen Talents verkauft wird[5].

Noch nicht abschließend geklärt ist insbesondere der Bezug derartiger lediglich sozialer Zwecke zum im Ausgangspunkt objektiv-wirtschaftlichen Vermögensbegriff[6]. Weitere Schwierigkeiten ergeben sich daraus, daß die Zweckverfeh-

---

[1] Vgl. *Eberle*, Subventionsbetrug, S. 20; *Frisch*, Bockelmann-Festschrift, S. 647 (667); *Frommel*, NJW 1983, 270; *Hirsch*, ZStW 81 (1969) 952.

[2] Vgl. *Samson*, SK, § 263 Rdn. 154.

[3] Vgl. zu diesen Fallgestaltungen *Cramer*, Vermögensbegriff, S. 217 ff.; ders. in Schönke/Schröder, § 263 Rdn. 101 ff.; *Lackner*, § 263 Anm. 6 b) dd); ders., LK, § 263 Rdn. 164 ff.; *Maurach/Schroeder*, BT, 1, S. 422 f.; *Otto*, Vermögensschutz, S. 288 ff.; *Samson*, SK, § 263 Rdn. 151 ff.; *Schmidhäuser*, BT, S. 122 f. Der Terminus „Lehre von der *sozialen* Zweckverfehlung ist insofern mißverständlich, als ihre Anwendung nicht auf Leistungen karitativer Natur beschränkt ist. Der Begriff sozial dient hier lediglich der Unterscheidung von auf die Erlangung eines wirtschaftlichen Äquivalents gerichteten Leistungszwecken.

[4] Vgl. zu diesem Anwendungsbereich *Lackner*, LK, § 263 Rdn. 177 m.Nachw.

[5] Vgl. *Gallas*, Eb.Schmidt-Festschrift, S. 401 (405).

[6] Vgl. *Samson*, SK, § 263 Rdn. 157.

[7] Siehe dazu die Nachw. unten C I Fußn. 6.

lungslehre zumeist mit dem ebenfalls umstrittenen Erfordernis der unbewußten Selbstschädigung beim Betrug verbunden wird[7]. So wird beispielsweise bestritten, daß die Zweckverfehlungslehre auch für die Untreue Bedeutung haben könne, weil es sich bei der Zweckverfehlung nicht um ein bloßes Schadensproblem handele, sondern in gleicher Weise die betrugsspezifischen Merkmale Täuschung und Irrtum tangiert seien[8]. Der Klärung bedarf auch die bisher nur vereinzelt[9] diskutierte Anwendbarkeit der Zweckverfehlungslehre auf die Erpressung.

Die hinsichtlich der Zweckverfehlungslehre bestehenden Unsicherheiten sind in jüngster Zeit bei den Beratungen des 1. Gesetzes zur Bekämpfung der Wirtschaftskriminalität erneut in den Vordergrund getreten und haben die gesetzgeberische Entwicklung maßgeblich beeinflußt. So waren die Zweifel an einer Schadensbegründung mit Hilfe des Zweckverfehlungsgesichtspunkts ein wesentlicher Gesichtspunkt für die Schaffung eines selbständigen, auf das Erfordernis eines Vermögensschadens verzichtenden Sondertatbestandes eines „Subventionsbetrugs" in § 264 StGB[10]. Dem lag der Gedanke zugrunde, daß der Tatbestand des Betrugs die mißbräuchliche Inanspruchnahme von Subventionen nicht in ihrem Unrechtskern treffe[11] und eine Einbeziehung über die Zweckverfehlungslehre auf einen Schutz der Dispositionsfreiheit hinauslaufe[12]. Damit würden aber die Einheit des strafrechtlichen Vermögensbegriffs zerstört und die Konturen des § 263 noch weiter verwischt[13]. Die geschilderten Zweifel an der Zweckverfehlungslehre setzten sich in der Annahme fort, daß geschütztes Rechtsgut des § 264 nicht das Vermögen, sondern in erster Linie nur die staatliche Dispositionsfreiheit sein könne[14]. Dabei wird teilweise sogar angenommen, daß der in der gesetzlichen Überschrift insoweit zu Unrecht als Subventionsbetrug bezeichnete § 264[15] noch nicht einmal als abstraktes Gefährdungsdelikt

---

[8] *Neye,* Untreue, S. 47.
[9] *Cramer,* Vermögensbegriff, S. 215.
[10] Bericht S. 3; *Blei,* Prot. S. 2503 f.; *Lampe,* Prot. S. 2511, 2519 f.; *Göhler,* Prot. S. 2649; *Göhler/Wilts,* DB 1976, 1609 (1610); *Müller-Emmert/Maier,* NJW 1976, 1657 (1658).
[11] Bericht, S. 3; *Lampe,* Prot. S. 2511; *Göhler,* Prot. S. 2649; *Tiedemann,* Prot. S. 2469.
[12] *Tiedemann,* Prot. S. 2469.
[13] Bericht, S. 3; *Göhler/Wilts,* DB 1976, 1609 (1610).
[14] OLG Karlsruhe NJW 1981, 1383; OLG Hamburg NStZ 1984, 218; Bericht S. 5; *Dreher/Tröndle,* § 264 Rdn. 3; *Lackner,* § 264 Anm. 1 a); *Tiedemann,* LK, § 264 Rdn. 8; *Wessels,* BT 2, S. 151; *Diemer-Nicolaus,* Schmidt-Leichner-Festschrift, S. 31 (42); *Göhler/Wilts* DB 1976, 1609 (1610); *Heinz* GA 1977, 225 f.; *Jung,* JuS 1976, 757 (758); *Lampe,* Prot. S. 2511; *Lohmeyer,* Wirtschaftskriminalität, S. 55; *Schmidt-Hieber,* NJW 1980, 322 (324); *a.A. Gössel,* Prot. S. 2614 f.; *Hack,* Subventionsbetrug, S. 73 f.; *Hirsch,* H. Kaufmann-Gedächtnisschrift, S. 133 (151) Anm. 54; *Ranft,* JuS 1986, 447; *ders.,* NJW 1986, 3164 (3165), denenzufolge Schutzgut des § 264 allein das Vermögen ist; vgl. auch *Schönke/Schröder/Lenckner,* § 264 Rdn. 4 und *Sannwald,* Subventionsbegriff, S. 65, die neben dem Vermögen die Institution der Subvention als wichtiges Instrument staatlicher Wirtschaftslenkung und die mit ihr verfolgten wirtschaftspolitischen Zielsetzungen als mitgeschützt ansehen.
[15] Dazu *Hirsch,* H. Kaufmann-Gedächtnisschrift, S. 151, der darauf hinweist, daß zum Betrug der Eintritt eines Vermögens*schadens* gehört, auf den § 264 aber gerade verzichtet.

A. Einführung und Problemstellung

im Vorfeld des durch den Betrug gewährten Vermögensschutzes anzusehen sei, sondern einen reinen Verletzungstatbestand zum Schutz der Subventionierung als eines besonderen Instruments der staatlichen Wirtschaftslenkung und der damit verfolgten wirtschaftspolitischen Ziele darstelle[16]. Unter Hinweis auf die unterschiedlichen Rechtsgüter der §§ 263 und 264 wird schließlich die Ansicht vertreten, daß beide Vorschriften tateinheitlich zusammentreffen können[17]. Gerade diese sich aus der Schaffung eines Sondertatbestandes des Subventionsbetruges ergebende Konkurrenzproblematik zeigt, daß der Frage nach dem bei der Zweckverfehlung betroffenen Rechtsgut auch nach der einen gewichtigen Teil ihres Anwendungsbereichs erfassenden Sonderregelung des Subventionsbetruges in § 264 unverminderte Bedeutung zukommt.

---

[16] *Tiedemann,* Wirtschaftsstrafrecht, AT, S. 83 ff.; *ders.,* LK, § 264 Rdn. 13.
[17] *Berz,* BB 1976, 1435 (1438); *Diemer-Nicolaus,* Schmidt-Leichner-Festschrift S. 31 (65); *Eberle,* Subventionsbetrug, S. 185.

B. Entstehung der Zweckverfehlungslehre

Die Zweckverfehlungslehre hat ihren Ursprung in dem Streit um die Strafbarkeit des Bettelbetrugs. Während in der gemeinrechtlichen Praxis nie bezweifelt wurde, daß das Betteln unter falschen Vorwänden als Betrug anzusehen sei, wurde unter der Geltung des Allgemeinen Landrechts die Strafbarkeit des Bettelbetrugs verschiedentlich in Abrede gestellt[1]. Vornehmlich stützte man die Straflosigkeit der mittels Vortäuschung von Bedürftigkeit oder Gebrechen begangenen Bettelei auf die Erwägung, daß der Angebettelte das Almosen freiwillig gegeben habe[2]. Andere Autoren bejahten demgegenüber eine Strafbarkeit des falschen Bettlers, da schon jede irrtumsbedingte Vermögensminderung als Betrug anzusehen sei[3].

Das preußische StGB von 1851, das in § 241 erstmals einen dem heutigen § 263 vergleichbaren Betrugstatbestand erhielt, glaubte diesem Streit durch die Schaffung eines privilegierten Sondertatbestandes der betrüglichen Bettelei in § 118 pr. StGB Rechnung tragen zu können[4]. Mit dieser Ausnahmevorschrift sollte gleichzeitig klargestellt werden, daß die dort nicht erfaßten Fälle, also etwa die Veranstaltung einer Sammlung unter Vortäuschung eines gemeinnützigen Zwecks, durch den allgemeinen Betrugstatbestand erfaßt werden sollten[5]. Ungeachtet dessen fand sich in der Rechtsprechung des preußischen Obertribunals auch weiterhin die Auffassung, daß es in diesen Fällen am Erfordernis des Vermögensschadens fehle[6].

Der Streit um die Strafbarkeit des Bettelbetrugs fand seine Fortsetzung in den in der 2. Hälfte des vorigen Jahrhunderts für die Entwicklung der modernen Betrugsdogmatik grundlegenden[7] Arbeiten von *Köstlin* und *Merkel*.

---

[1] Zum Meinungsstand siehe *Temme*, Betrug, S. 76 ff.

[2] Siehe die Nachw. bei *Temme*, Betrug S. 76.

[3] *Temme*, Betrug, S. 75 f.

[4] Ähnliche Sondertatbestände finden sich heute noch in Frankreich (Art. 276 des franz. StGB), Belgien (Art. 342 des belg. StGB), Luxemburg (Art. 342 des luxemb. StGB) und Portugal (Art. 261 des portug. StGB). Der allgemeine Betrugstatbestand greift dagegen ein in Österreich (Vgl. *Leukauf/Steininger,* § 146 Anm. A I 3 f.) und der Schweiz (vgl. *Stratenwerth,* BT I, S. 244).

[5] Vgl. *Goldtammer,* Materialien, S. 544.

[6] Vgl. den Nachweis bei *Merkel,* Krim. Abhandlungen, S. 214 Fußn. 1.

[7] So die Einschätzung von *Binding,* Lehrbuch BT 1, S. 339 Fußn. 3; *Blei,* Strafrecht II, S. 215; *Maurach/Schroeder* BT 1, S. 398.

B. Entstehung der Zweckverfehlungslehre

Köstlin beschäftigte sich dabei mit der Problematik des Bettelbetrugs nur am Rande, lehnte aber eine Strafbarkeit wegen Betrugs mit der Erwägung ab, daß es regelmäßig an der erforderlichen Kausalität zwischen Irrtum und Vermögensverfügung des Getäuschten fehle[8].

Merkel[9] hielt dagegen den Bettelbetrug grundsätzlich für strafbar. Dabei ging er davon aus, daß beim Betrug die Leistung des Getäuschten regelmäßig im Hinblick auf ein illusorisches Äquivalent erfolge. Dieses Äquivalent sei im Normalfall des Betrugs, bei dem der Betrogene einen Vermögensverlust gerade nicht erleiden wolle, materieller Natur. Von diesem „gemeinen Betrug" unterscheide sich der Bettelbetrug insofern, als der Betrogene sein Vermögen hier endgültig mindern wolle. Andererseits erfolge die Vermögenshingabe auch hier mit Rücksicht auf ein illusorisches Äquivalent, nämlich die Genugtuung, welche die Milderung menschlichen Leidens dem Barmherzigen gewährt. Dieses Äquivalent sei allerdings beim Bettelbetrug anders als beim gemeinen Betrug nicht materieller, sondern ideeller Natur. Jedoch schließe auch das Ausbleiben eines solchen idealen Äquivalents eine Verletzung des Gebers in sich ein, die eine Bestrafung wegen Betruges rechtfertige[10]. Mit dieser Lehre vom idealen Äquivalent kann *Merkel* als Vorläufer der heutigen Zweckverfehlungslehre angesehen werden, die nur eine teminologisch andere Umschreibung desselben Gedankengangs darstellt[11]. Nach anfänglich überwiegender Ablehnung im Schrifttum[12] bildet die zu Beginn der sechziger Jahre insbesondere von *Gallas*[13] und ihm folgend *Welzel*[14] unter der Bezeichnung „soziale Zweckverfehlung" aufgegriffene Lehre die heute vorherrschende Auffassung im Schrifttum[15].

In der Rechtsprechung wird der Zweckverfehlungsgesichtspunkt vor allem im Bereich staatlicher Unterstützungsleistungen relevant. Schon das Reichsgericht hatte in einer 1935 ergangenen Entscheidung[16], die das Erschleichen von zinsverbilligten Krediten aus Mitteln der Ostpreußenhilfe betraf, einen Betrug damit begründet, daß öffentliche Mittel zweck- und sinnlos fehlgeleitet worden seien. Fortgeführt wurde diese Rechtsprechung in einem Fall, in dem der Angeklagte sogenannte Bedarfsdeckungsscheine beim Finanzamt eingelöst hatte, ohne dazu berechtigt zu sein[17]. Auch hier erblickte das Reichsgericht einen Schaden in der

---

[8] Abhandlungen, S. 151.
[9] Krim. Abhandlungen, S. 212.
[10] Krim. Abhandlungen, S. 213.
[11] Vgl. ausführlich dazu *Neye*, Untreue, S. 44 ff.
[12] Vgl. vor allem *Hälschner*, BT, S. 249 Fußn. 1 und *Frank*, LB, § 263 Anm. VI 1 a; weitere Nachw. bei *Neye*, Untreue, S. 46 mit Fußn. 254; zustimmend nur *Bindung*, Lehrbuch BT 1, S. 354 und *Olshausen*, § 263 Anm. 27, 38.
[13] Eb. Schmidt-Festschrift, S. 401 (435).
[14] LB, 9. Aufl., S. 334; 10. Aufl., S. 354; 11. Aufl., S. 376.
[15] Siehe die Nachw. unten C. I. Fußn. 6 u. 10.
[16] RG JW 1936, S. 262 Nr. 25.
[17] RGSt. 70, 33 ff.

16   B. Entstehung der Zweckverfehlungslehre

zweckwidrigen Verwendung der u.a. der Förderung bestimmter Wirtschaftskreise dienenden Mittel. In einigen Entscheidungen zur Untreue[18] glaubte das RG mit Hilfe des Zweckverfehlungsgesichtspunkts einen Vermögensnachteil sogar dann annehmen zu können, wenn vermögensrechtliche Ansprüche rein zahlen- und rechnungsmäßig gar nicht verletzt werden.

In der Rechtsprechung des Bundesgerichtshofs hat der Zweckverfehlungsgedanke Bedeutung insbesondere im Zusammenhang mit der Privatisierung des Volkswagenwerks erlangt, bei der sich einzelne durch Täuschung der Vergabestellen unberechtigt in den Besitz von Aktien gebracht hatten, deren Bezug wirtschaftlich schwächeren Bevölkerungsschichten vorbehalten sein sollte. Der BGH bejahte einen Betrug zum Nachteil des Bundes mit der Begründung, daß zweckgebundene Mittel verringert worden seien, ohne daß hierdurch der erstrebte Zweck erreicht worden sei[19]. Auf der gleichen Linie liegt eine aus jüngster Zeit stammende Entscheidung zur Erschleichung einer Investitionszulage. Auch hier begründet der BGH einen Vermögensschaden der öffentlichen Hand damit, daß zweckgebundene Mittel verringert worden seien, ohne daß der sozialpolitische Zweck der Zuwendung erreicht worden sei[20].

In einigen oberlandesgerichtlichen Entscheidungen wird der Zweckverfehlungsgesichtspunkt weitergehend auch bei privaten Leistungen zur Schadensbegründung herangezogen[21] bzw. man glaubt, sich mit Hilfe dieses Gesichtspunkts eine Schadensfeststellung überhaupt ersparen zu können[22]. Besonders deutlich wird dies im Verkehrswachtfall des OLG Düsseldorf[23], wo der Angeklagte Eintrittskarten für eine von ihm durchgeführte Veranstaltung mit dem Emblem der Verkehrswacht versehen hatte, um so im Interesse einer Absatzsteigerung den Eindruck besonderer Förderungswürdigkeit zu erwecken. Das OLG begründet einen Vermögensschaden hier damit, daß die vom Getäuschten beabsichtigte Unterstützung neben der eigentlichen vertraglichen Gegenleistung einen selbständigen Vermögenswert besitzen könne, dessen Ausbleiben in gleicher Weise wie beim Bettelbetrug einen Vermögensschaden beim Getäuschten bewirke.

---

[18] RG HRR 1938, 864, 921, wo der erlittenen Vermögenseinbuße jeweils eine vollwertige Gegenleistung gegenübersteht. Nach Ansicht des RG kann auch bei einer derartigen Konstellation ein Vermögensnachteil dadurch begründet werden, daß für einen bestimmten öffentlichen Zweck bestimmte Mittel fehlgeleitet werden. Einschränkend allerdings RG HRR 1938, 921 a.E., wo auch die Möglichkeit einer nicht kostendeckenden Gegenleistung erwogen wird.
[19] BGHSt. 19, 37 (45).
[20] BGHSt. 31, 93 (95 f.).
[21] OLG Düsseldorf JMBl NRW 1958, 249 f.; OLG Köln NJW 1979, 1419 f.
[22] KG JR 1962, 26 f.; OLG Düsseldorf JMBl NRW 1958, 249 f.; OLG Hamm GA 1962, 219 f.; ebenso AG Mannheim MDR 1960, S. 945 f.
[23] JMBl NRW 1958, 249 f.

C. Die Zweckverfehlungslehre beim Betrug

I. Ganz oder teilweise unentgeltliche Leistungen

Der Schwerpunkt des Anwendungsbereichs der Zweckverfehlungslehre liegt beim täuschungsbedingten Erlangen ganz oder teilweise unentgeltlicher Leistungen. Gemeint sind damit Leistungen, denen bei streng wirtschaftlicher Betrachtungsweise keine gleichwertige Gegenleistung gegenübersteht.

Davon abzugrenzen sind Leistungen, die zur Erfüllung einer Verbindlichkeit erbracht werden. Da die Befreiung von einer das Vermögen wirtschaftlich belastenden Verbindlichkeit ein vollwertiges Äquivalent für die durch die Verfügung erlittene Vermögenseinbuße beinhaltet, handelt es sich hier ungeachtet dessen, daß der Leistende keine Gegenleistung im Sinne eines Austauschverhältnisses erhält, um ein unter wirtschaftlichen Gesichtspunkten ausgeglichenes Geschäft[1].

Bedeutung hat dies insbesondere für den Bereich der Subventionsgewährung, wo vielfach ein rechtlich durchsetzbarer Anspruch auf die konkrete Förderungsmaßnahme besteht[2]. Täuscht der Subventionsnehmer hier die tatsächlichen Voraussetzungen eines Anspruchs auf Subventionsgewährung vor und veranlaßt den Subventionsgeber dadurch zur Erfüllung einer vermeintlichen Schuld, so ergibt sich ein wirtschaftlicher Schaden bereits daraus, daß der Subventionsgeber den erstrebten wirtschaftlichen Ausgleich in Form der Befreiung von der ihn wirtschaftlich belastenden Verbindlichkeit tatsächlich nicht erhält. Auch am Vorliegen der von einer Ansicht für den Betrug vorausgesetzten unbewußten Selbstschädigung[3] ist in einem solchen Fall nicht zu zweifeln, da dem Subventionsgeber infolge des Irrtums über das Vorliegen der Anspruchsvoraussetzungen verborgen bleibt, daß ein sein Vermögen belastender Anspruch tatsächlich nicht besteht und er durch seine Verfügung daher auch nicht von einer diesbezüglichen Leistungspflicht frei werden kann. Das Vorliegen eines Vermögens-

---

[1] Zum Vermögensausgleich durch Befreiung von einer bestehenden Schuld vgl. nur RGSt. 75, 227 (230); BGH NJW 1953, 1479; BGHSt. 20, 136 (138); *Lackner*, LK, § 263 Rdn. 155; *Schönke/Schröder/Cramer*, § 263 Rdn. 116; *Welzel*, LB, S. 375; ders., NJW 1953, 652; *Cramer*, Vermögensbegriff, S. 109 f.; *Hirsch*, ZStW 81 (1969), 917 (946).

[2] Als Beispiel sei hier nur die Investitionszulage nach dem Investitionszulagengesetz vom 3.5.1977 (BGBl. I, S. 669) genannt, in dessen § 1 es heißt: „Steuerpflichtigen ... *wird* ... eine Investitionszulage *gewährt*". Steht die Subventionsgewährung im Ermessen der Vergabestelle, kann sich ein Anspruch gleichwohl unter dem Gesichtspunkt einer Ermessensreduzierung auf Null ergeben; dazu *Hack*, Subventionsbetrug, S. 44 mit weiteren Nachw.

[3] Zu diesem Erfordernis siehe unten C. I. 1.

schadens ergibt sich daher hier schon aus allgemeinen Grundsätzen; einer Heranziehung des Zweckverfehlungsgesichtspunktes bedarf es insoweit nicht.

Anders verhält es sich dagegen bei Leistungen, die weder auf eine wirtschaftlich gleichwertige Gegenleistung noch auf die Befreiung von einer Verbindlichkeit gerichtet sind.

1. Meinungsstand

Hier sind zwei grundsätzlich unterschiedliche Ausgangspositionen zu unterscheiden:

a) Auffassungen, die den Betrug als unbewußte Selbstschädigung charakterisieren

Die wohl herrschende Lehre[4] charakterisiert den Betrug als unbewußte Selbstschädigung und verneint eine Strafbarkeit dementsprechend dann, wenn der Getäuschte sich bei Vornahme der Vermögensverfügung der wertmindernden Wirkung seiner Disposition bewußt ist.

Daraus ist vor allem im älteren Schrifttum[5] der Schluß gezogen worden, daß es einen strafbaren Bettel- oder Spendenbetrug gar nicht geben könne, da der Getäuschte hier den Wert seines Vermögens bewußt verringere.

Um dieser als kriminalpolitisch unbefriedigend empfundenen Konsequenz aus dem Wege zu gehen, wird das Erfordernis der unbewußten Selbstschädigung in der Literatur heute überwiegend mit der Lehre von der sozialen Zweckverfehlung kombiniert[6]. Danach soll auch bei der bewußt einseitigen Hingabe von Vermögenswerten eine unbewußte Selbstschädigung dann anzunehmen sein, wenn eine zu bestimmten sozialen, insbesondere wohltätigen Zwecken hinge-

---

[4] *Kohlrausch/Lange,* vor § 263 Anm. II; *Lackner,* § 263 Anm. VII 2; *ders.,* LK, § 263 Rdn. 172; *Samson,* SK, § 263 Rdn. 51; *Schönke/Schröder/Cramer,* § 263 Rdn. 41; *Arzt,* LH 3, S. 186 f.; *Blei,* Strafrecht II, S. 228; *Krey,* BT 2, S. 182 f.; *Schmidhäuser,* BT, S. 122 f.; *Cramer,* Vermögensbegriff, S. 206 f., 208; *ders.,* JuS 1966, 472 (477); *ders.,* JZ 1971, 415; *Eckstein,* GS 78, 137 (138); *Ellmer,* Betrug, S. 134; *Hoppenz,* Struktur, S. 83; *Jecht,* GA 1963, 41 (44); *Küper,* NJW 1970, 2253 (2254); *Lenckner,* NJW 1971, 599 (600); *Eb. Schmidt,* JZ 1952, 542; *Schröder,* NJW 1962, 721 (722); *ders.,* JR 1962, 431 (432); früher schon *Binding,* Lehrbuch BT 1, S. 352; *Frank,* § 263 Anm. 1; *Grünhut,* Reichsgericht-Festgabe Bd. 5, S. 116 (122); *v. Liszt/Schmidt,* Lehrbuch, S. 671.

[5] *Frank,* § 263 Anm. VI 1 a; *Gerland,* Lehrbuch, S. 639 Anm. 1; *Grünhut,* Reichsgericht-Festgabe Bd. 5; S. 116 (122); *v. Liszt/Schmidt,* Lehrbuch, S. 671 mit Anm. 12; heute noch *Arzt,* LH 3, S. 187 f.; *Lampe,* Prot., S. 2511; *Ellmer,* Betrug, S. 134 ff.

[6] *Blei,* Strafrecht II, S. 228; *Cramer,* Vermögensbegriff, S. 211 ff.; *ders.,* in: Schönke/Schröder, § 263 Rdn. 101 ff.; *Gallas,* Eb.-Schmidt-Festschrift, S. 401 (435); *Hardwig,* GA 1956, 6 (20 f.); *Hoppenz,* Struktur, S. 109 f.; *Krey,* BT 2, S. 182 f.; *Lackner,* LK, § 263 Rdn. 172; *Maiwald,* NJW 1981, 2777 (2780); *Ranft,* JuS 1986, 445 (448); *Schmidhäuser,* BT, S. 122 f.; *Schröder,* NJW 1962, 721 (722); *ders.,* JR 1962, 431 (432).

gebene Leistung ihren sinnhaften Gegenwert nicht findet. Das Erreichen eines sozialen Zwecks wird dabei ähnlich der schon erwähnten Lehre vom idealen Äquivalent einem wirtschaftlichen Vermögensausgleich gleichgesetzt.

b) Auffassungen, die keine unbewußte Selbstschädigung verlangen

Von der Rechtsprechung und einem Teil des Schrifttums wird das Erfordernis der unbewußten Selbstschädigung dagegen abgelehnt[7]. Zum Teil wird daraus abgeleitet, daß jede auf einer Täuschungshandlung und einem entsprechenden Irrtum beruhende Vermögensverfügung, die zu einer wirtschaftlichen Wertminderung führt, die Voraussetzungen des objektiven Betrugstatbestands erfülle. So hat das BayObLG[8] Betrug etwa in einem Fall angenommen, in dem ein Spendensammler frei erfundene hohe Spendenbeiträge in eine Liste eingetragen hatte und sich Spender dadurch bestimmen ließen, einen ihrem freien Willen und ihren wirtschaftlichen Verhältnissen nicht entsprechenden Betrag zu spenden. Daß der Zweck der Vermögensleistung, die Zuführung der Spendenbeträge an einen karitativen Zweck, in diesem Fall tatsächlich erreicht worden ist, hat das BayObLG für unbeachtlich gehalten[9].

Eine insbesondere im Schrifttum vertretene Auffassung will dagegen anhand des Zweckverfehlungsgesichtspunkts einen bloßen Motivationsirrtum von einem Irrtum über die Erreichung des sozialen Zwecks trennen[10]. Danach soll bei ganz oder teilweise unentgeltlichen Leistungen ein betrugsrelevanter Schaden nicht schon in der durch die Verfügung bewirkten Minderung des Vermögens, sondern erst in der Verfehlung des mit der Leistung verfolgten sozialen Zwecks liegen. In ähnlicher Richtung scheint sich neuerdings die Rechtsprechung im Bereich staatlicher Leistungsgewährung zu bewegen. So wird in einer die Erschleichung einer Investitionszulage betreffenden Entscheidung des BGH zumindest in Erwägung gezogen, daß bei Erreichung des materiellen Subventionszwecks ein Vermögensschaden zu verneinen sein könnte[11].

---

[7] RGSt. 44, 230 (244); 52, 134 (136); 70, 255 (256); BGHSt. 19, 37 (45); BayObLG, NJW 1952, 798; OLG Köln, NJW 1972, 1823 (1824); *Bockelmann*, BT 1, S. 71 f.; *Dreher/Tröndle*, § 263 Rdn. 19; *Dölling*, NJW 1980, 570 (571); *Ellscheid*, GA 1971, 161 ff.; *Gutmann*, 1963, 3; *Herzberg*, MDR 1972, 93 (95); ders., JuS 1972, 570 (571); *Hirschberg*, Vermögensbegriff, S. 295; *Maurach/Schroeder*, BT 1, S. 411; *Mohrbotter*, Stoffgleichheit, S. 150 f.; *Welzel*, LB, S. 370; *Wessels*, BT 2, S. 124 f.

[8] NJW 1952, 798; ebenso *Maurach/Schroeder*, BT 1, S. 411, anders aber S. 422 f.

[9] Zur Funktion des Zweckverfehlungsgesichtspunkts in der Rechtsprechung siehe unten C. I. 2. a).

[10] *Bockelmann*, BT 1, S. 84 f.; *Welzel*, LB, S. 376; *Wessels*, BT 2, S. 129; ebenso wohl auch *Dreher/Tröndle*, § 263 Rdn. 35.

[11] BGHSt. 31, 93 (95 f.); im Ergebnis allerdings mit der Begründung offengelassen, daß es sich bei der zeitlichen Begrenzung der Investitionszulage, deren Einhaltung die Angeklagten vorgespiegelt hatten, nicht lediglich um eine der Erleichterung der Verwaltungstätigkeit oder eine der Beweissicherung dienende Voraussetzung handele.

2. Funktion des Zweckverfehlungsgesichtspunkts

Die Beweggründe für die Heranziehung des Zweckverfehlungsgesichtspunkts innerhalb der dargestellten Ansichten sind unterschiedlicher Natur.

a) Rechtsprechung

Nach der ganz überwiegenden Rechtsprechung, die das Erfordernis der unbewußten Selbstschädigung ablehnt, begründet grundsätzlich jede Weggabe eines wirtschaftlichen Wertes, dem keine gleichwertige Gegenleistung gegenübersteht, einen Vermögensschaden[12]. Dem entspricht es, daß das BayObLG[13] im Spendensammlerfall einen Vermögensschaden angenommen hat, ohne auch nur darauf einzugehen, daß der mit der Spende verfolgte Zweck tatsächlich erreicht wurde.

Von diesem Ausgangspunkt her ist es erstaunlich, daß die Rechtsprechung bei der Erschleichung öffentlicher Mittel gleichwohl auf den Zweckverfehlungsgesichtspunkt zurückgreift[14]. Anders als in der Literatur dient dieser Gesichtspunkt hier jedoch nicht zur Schadensbegründung selbst. Die Rechtsprechung versucht mit Hilfe dieses Kriteriums vielmehr dem bei der Vergabe öffentlicher Mittel erhobenen Einwand entgegenzutreten, daß der Staat das Erlangte ja doch, wenn auch an andere Personen, unentgeltlich oder zu gleichen Bedingungen hätte verausgaben müssen[15]. Dieser Einwand gründet sich auf die Schwierigkeit, in die die von der Rechtsprechung verwendete conditio-sine-qua-non-Formel gerät, wenn hypothetische Ersatzbedingungen ebenfalls zum Eintritt des tatbestandsmäßigen Erfolges geführt hätten[16]. Jedoch steht die Kausalität des konkret eingetretenen Erfolges auch in den Fällen der sogenannten hypothetischen Kausalität außer Frage und ist auch von der Rechtsprechung bislang niemals geleugnet worden[17].

Damit ergibt sich, daß dem Zweckverfehlungsgesichtspunkt auch in der Rechtsprechung zum täuschungsbedingten Erlangen staatlicher Zuwendungen eine eigenständige materielle Bedeutung gar nicht zukommt.

Eine Tendenz zu einer weitergehenden Berücksichtigung dieses Gesichtspunkts könnte sich allenfalls aus der jüngsten Entscheidung des BGH zu diesem Problemkreis ergeben, in der ausdrücklich offengelassen wird, ob ein Schaden

---

[12] Siehe die Nachw. oben C. I. Fußn. 7; anders nur OLG Köln, NJW 1979, 1419 f.
[13] NJW 1952, 798.
[14] RG JW 1936, 262 Nr. 25; RGSt. 70, 33 ff.; BGHSt. 19, 37 ff.; 31, 93 ff.
[15] RG JW 1936, 262 Nr. 25; RGSt. 70, 33 (36); BGHSt. 19, 37 (45); ebenso *Göhler*, Prot., S. 2649.
[16] *Hoppenz*, Struktur, S. 87.
[17] *Jescheck*, LB, S. 226 f. m.Nachw.

entfällt, wenn gewisse Voraussetzungen nur die Verwaltungstätigkeit erleichtern oder der Beweissicherung dienen[18]. Eine allgemeine Annäherung an die Ergebnisse der Zweckverfehlungslehre kann aus diesem speziell auf die Vergabe von Subventionen zugeschnittenen obiter dictum jedenfalls nicht hergeleitet werden.

b) Literatur

In der Literatur[19] dient die Zweckverfehlungslehre überwiegend dazu, die sich aus dem Erfordernis der unbewußten Selbstschädigung ergebende Restriktion des Betrugstatbestands für die Fallgruppen des Spenden-, Bettel- und Subventionsbetrugs, bei denen die in dem Verlust des hingegebenen Wertes begründete Wertminderung vom Getäuschten ebenfalls bewußt vollzogen wird[20], wieder zurückzunehmen.

Ausschließlich restriktiven Charakter hat der Zweckverfehlungsgesichtspunkt dagegen für jende Mindermeinung[21], die das Erfordernis der unbewußten Selbstschädigung ablehnt, aber bei Zweckerreichung ebenfalls einen betrugsrelevanten Schaden verneint.

Anders als in der Rechtsprechung wirkt sich der Zweckverfehlungsgesichtspunkt damit bei beiden Auffassungen unmittelbar auf die Grenzen der Strafbarkeit aus.

3. Gegen die Zweckverfehlungslehre erhobene Bedenken

Gegen eine Schadensbegründung mit Hilfe des Zweckverfehlungsgesichtspunkts wird vor allem eingewandt, daß die Berücksichtigung individueller Zwecksetzungen nicht mit dem im Ausgangspunkt wirtschaftlichen Vermögensbegriff der herrschenden Meinung in Einklang zu bringen sei[22]. Die Zweckverfehlungslehre laufe vielmehr darauf hinaus, daß ausnahmsweise die materielle Leistung des Opfers mit einer vom Täter versprochenen immateriellen Gegenleistung saldiert werde, wobei der Schaden im Ausbleiben der Gegenleistung liege[23]. Damit würden aber noch weitergehend als mit der Lehre vom individuellen Schadenseinschlag die subjektiven Einschätzungen des Getäuschten zur Grundlage der Schadensfeststellung gemacht[24]. Da der soziale Zweck von dem

---

[18] BGHSt. 31, 93 (96).
[19] Siehe die Nachw. oben C. I. Fußn. 6.
[20] Vgl. *Schröder* JR 1962, 431 (432); *ders.*, NJW 1962, 721 (722).
[21] Siehe die Nachw. oben C. I. Fußn. 10.
[22] Vgl. *Arzt*, LH 3, S. 187; *Bockelmann*, NJW 1952, 896 f.; *Ellmer*, Betrug, S. 136; *Maurach*, NJW 1961, 625 (628 ff.); *Tiedemann*, ZStW 86 (1974), 897 (908 f.).
[23] *Arzt*, LH 3, S. 187.
[24] *Arzt*, LH 3, S. 187; *Ellmer*, Betrug, S. 136.

Motiv des Getäuschten bestimmt werde, laufe die Zweckverfehlungslehre auf den Schutz bloßer Motivirrtümer und damit rein ideeller Interessen hinaus[25].

Im Schwerpunkt richtet sich die gegen die Zweckverfehlungslehre erhobene Kritik damit dagegen, daß bei einer Schadensbegründung mit Hilfe des Zweckverfehlungsgesichtspunkts letztlich bloß die Dispositionsfreiheit tangierende Angriffe dem Schutz des Betrugstatbestands unterstellt würden. Ausgangspunkt dieser am Rechtsgut des Betrugstatbestands orientierten Kritik ist die heute unbestrittene Ansicht, daß Gegenstand des durch den Betrug gewährleisteten Rechtsgüterschutzes ausschließlich das Vermögen sei[26]. Insbesondere in den 30er Jahren unternommene Versuche, die Wahrheit[27], Treu und Glauben[28] oder das dem Täter entgegengebrachte Vertrauen[29] zum allgemeinen Schutzgut des Betrugstatbestands zu erheben, haben sich demgegenüber ebensowenig durchgesetzt wie die Ansicht, Treu und Glauben[30] der wahre Wille des Getäuschten[31] oder die Dispositionsfreiheit[32] würde durch den Betrug in gleicher Weise geschützt wie das Vermögen[33].

Sieht man aber das Vermögen als ausschließliches Schutzgut des Betrugstatbestands an, hängt die dogmatische Berechtigung einer Schadensbegründung unter Heranziehung des Zweckverfehlungsgesichtspunkts allein davon ab, ob die Zweckverfehlung tatsächlich einen über die bloße Dispositionsbeeinträchtigung hinausgehenden Vermögensangriff darstellt.

4. Bedeutung des Kriteriums der unbewußten Selbstschädigung

Nach verbreiteter Ansicht im Schrifttum[34] erfolgt die Abgrenzung zwischen bloß die Dispositionsfreiheit und darüber hinaus auch das Vermögen betreffen-

---

[25] *Arzt*, LH 3, S. 187; *Ellmer*, Betrug S. 136; *Ellscheid*, GA 1971, 161 (168); vgl. zur Kritik auch *Maurach/Schroeder*, BT 1, S. 423, der die Zweckverfehlungslehre als nicht unproblematisch ansieht, weil sie sich eine autoritative Entscheidung über die als Vermögensschaden zu wertenden Zwecke anmaße.

[26] Vgl. aus der Rechtsprechung: RGSt. 74, 167 (168); BGHSt. 3, 99 (102); 7, 197 (198); 16, 220 (221); 321 (325); 367 (372); aus dem Schrifttum: *Backmann*, Abgrenzung, S. 38; *Binding*, Lehrbuch BT 1, S. 339; *Blei*, Strafrecht II, S. 214 f.; *Bockelmann*, Kohlrausch-Festschrift S. 227 (240); *Dreher/Tröndle*, § 263 Rdn. 1; *Gallas*, Eb. Schmidt-Festschrift, S. 401; *Lackner*, § 263 Anm. 2; *Maurach/Schroeder*, § 263 Rdn. 1; *Samson*, SK, § 263 Rdn. 1; *Welzel*, Lehrbuch, S. 368; *Wessels*, BT 2, S. 115.

[27] *Borst*, JW 1935, 1221 (1222).

[28] *Henkel*, ZAkDR 1939, 133.

[29] *Kohlrausch*, Schlegelberger-Festschrift, S. 203 (222).

[30] *Mezger*, Strafrecht II, 7. Aufl., S. 167.

[31] *Frank*, § 263 Anm. I.

[32] *Gutmann*, MDR 1963, 3.

[33] Zur Kritik dazu vgl. *Lackner*, LK, § 263 Rdn. 4; *Schönke/Schröder/Cramer*, § 263 Rdn. 1; jeweils mit weiteren Nachw.

[34] Siehe die Nachw. oben C. I. Fußn. 4.

den Angriffen anhand des Kriteriums der unbewußten Selbstschädigung. Ausgangspunkt dieser Lehre sind zunächst rein wirtschaftliche Kategorien, denenzufolge grundsätzlich jede Einbuße an wirtschaftlichen Werten, der kein wirtschaftlich gleichwertiger Vermögenswert gegenübersteht, einen Vermögensschaden begründet[35]. Zum betrugsrelevanten Schaden soll dieser Wertverlust aber erst dadurch werden, daß der Getäuschte darüber im Irrtum ist, daß er einen Vermögensausgleich erhält[36]. Von diesem Ausgangspunkt her müßte in den Fällen ganz oder teilweise unentgeltlicher Leistungen an sich immer eine bewußte und damit für den Betrug irrelevante Selbstschädigung anzunehmen sein, da der Verfügende ungeachtet der Täuschung weiß, daß er für seine Leistung einen wirtschaftlichen Ausgleich nicht erhält. Dieser Konsequenz sucht die Lehre vom Erfordernis der unbewußten Selbstschädigung überwiegend[37] dadurch aus dem Weg zu gehen, daß sie innerhalb der Prüfung des Bewußtseins des Getäuschten hinsichtlich der Selbstschädigung abweichend von ihrem wirtschaftlichen Ausgangspunkt die Erfüllung eines sozialen Zwecks einem Vermögensausgleich als sinnhaftem Gegenwert gleichsetzt[38]. Wird der mit einer täuschungsbedingten Vermögenshingabe verfolgte Zweck verfehlt, soll ungeachtet des bewußt herbeigeführten wirtschaftlichen Wertverlusts eine unbewußte und damit betrugsrelevante Selbstschädigung deshalb vorliegen, weil das Opfer sich über die insoweit als Gegenwert anzusehende Zweckerfüllung im Irrtum befunden habe[39]. Damit wird aber die vermögensmäßige Bedeutung bestimmter Zwecksetzungen nicht erklärt, sondern bereits als gegeben vorausgesetzt[40].

Im Widerspruch dazu steht allerdings die Annahme, daß bei Erreichung des vom Getäuschten verfolgten Zwecks Betrug nicht etwa unter dem Gesichtspunkt des Schadensausgleichs, sondern deshalb entfallen soll, weil der Getäuschte insofern bewußt ein Vermögensopfer erbracht habe, als er wußte, daß er einen wirtschaftlichen Ausgleich nicht erhalten werde[41].

Das gleiche Bewußtsein hat aber derjenige, dessen Zweck tatsächlich nicht erreicht wird. Denn auch er hat sein Vermögen wirtschaftlich bewußt gemindert, unbewußt ist ihm lediglich geblieben, daß er die Gegenleistung in Form der Zweckerfüllung nicht erhalten werde. Dann aber könnte die unbewußte Selbstschädigung nur darin zu sehen sein, daß die erwartete Gegenleistung ausbleibt. Eine solche Schadenskonstruktion ist aber dogmatisch kaum begründbar. Neben Schwierigkeiten beim Nachweis eines auch wirtschaftlich meßbaren Schadens und bei der Feststellung einer auf einen stoffgleichen Vermögensvorteil

---

[35] Vgl. *Schröder*, JR 1962, 431 (432).
[36] Vgl. *Schröder*, NJW 1962, 721 (722).
[37] Siehe die Nachw. oben C. I. Fußn. 6.
[38] Vgl. *Schröder*, NJW 1962, 721 (722).
[39] *Gallas*, Eb. Schmidt-Festschrift, S. 401 (435 f.); *Schröder*, NJW 1962, 721 (722).
[40] Dazu im einzelnen *Hack*, Subventionsbetrug, S. 49 ff.
[41] Vgl. *Schönke/Schröder/Cramer*, § 263 Rdn. 101.

gerichteten Bereicherungsabsicht sprechen gegen eine solche Schadenskonstruktion vor allem die sich im Hinblick auf die Schadensbegründung bei den auf wirtschaftlichen Ausgleich angelegten Rechtsverhältnissen daraus ergebenden Friktionen, daß bei diesen der Schaden ebenfalls nicht im Ausbleiben der Gegenleistung, sondern in der vom Getäuschten erbrachten Leistung gesehen wird[42]. Diese Leistung nimmt der Getäuschte bei den genannten Rechtsverhältnissen aber ebenso bewußt vor wie bei einseitigen Leistungsverhältnissen auch.

Eine unbewußte Selbstschädigung kann sich deshalb bei den auf wirtschaftlichen Ausgleich angelegten Rechtsverhältnissen nur aus der Erwartung einer kompensierenden Gegenleistung ergeben. Die Vorstellung einer kompensierenden Gegenleistung hat jedoch auch derjenige, dessen Leistung tatsächlich durch eine Gegenleistung ausgeglichen wird. Der Unterschied zu den Fällen, in denen die erwartete Gegenleistung ausbleibt, liegt also nicht in der Vorstellung selbst, sondern darin, daß sich der vorgestellte Vermögensausgleich einmal realisiert, das andere Mal dagegen nicht[43]. Setzt man nun bei Bettel-, Spenden- und Subventionsbetrug die soziale Zweckerfüllung einem Vermögensausgleich durch den Zufluß einer wirtschaftlich gleichwertigen Gegenleistung gleich, so kann insoweit für die Schadensfeststellung nichts anderes gelten als bei den auf wirtschaftlichen Ausgleich angelegten Rechtsverhältnissen auch. Wird in Fällen der Zweckverfehlung das Vorliegen einer unbewußten Selbstschädigung mit dem Ausbleiben einer Gegenleistung in Form der Zweckerfüllung begründet, so folgt daraus umgekehrt, daß dann, wenn dieser Zweck tatsächlich auch erreicht wird, Betrug nicht etwa erst unter dem Gesichtspunkt einer bewußt vorgenommenen Selbstschädigung, sondern bereits deshalb entfällt, weil die Vermögenseinbuße durch die Zweckerfüllung kompensiert wird.

Damit ist aber die Annahme einer unbewußten Selbstschädigung in Fällen der Zweckverfehlung widerspruchsfrei nur dann denkbar, wenn man die Möglichkeit einer Schadenskompensation durch Erfüllung eines sozialen Zwecks bereits als gegeben voraussetzt[44]. Aus dem Kriterium der unbewußten Selbstschädigung selbst ist dagegen für die Vermögensrelevanz sozialer Zwecksetzungen nichts herzuleiten.

Im folgenden wird daher zu untersuchen sein, inwieweit sich die Vermögensrelevanz bestimmter Zwecksetzungen aus anderen Gesichtspunkten begründen läßt. Inhaltlich geht es dabei um die Frage, inwieweit der Erfüllung eines bloß sozialen Zwecks eine dem Erlangen einer wirtschaftlich gleichwertigen Gegenleistung vergleichbare Bedeutung für das Vermögen des Getäuschten zukommen kann.

---

[42] Vgl. zum ganzen ausführlich *Hack*, Subventionsbetrug, S. 50.
[43] *Hack*, Subventionsbetrug, S. 50.
[44] Wie hier *Hack*, Subventionsbetrug, S. 50.

5. Bisherige Begründungsversuche für die Vermögensrelevanz der sozialen Zweckverfehlung

Die Feststellung, daß eine wirtschaftliche Einbuße auch durch Erreichung eines bloß sozialen Zwecks ausgeglichen werden kann, bereitet auf der Grundlage der wirtschaftlichen Vermögensauffassung insoweit Schwierigkeiten, als ein geldwerter Vermögenszuwachs durch die Zweckerreichung nicht bewirkt wird[45]. Den daraus resultierenden Einwänden gegen die Berücksichtigung sozialer Zwecksetzungen bei der Schadensfeststellung wird im Schrifttum mit unterschiedlichen Argumenten begegnet.

a) Die personalen Vermögenslehren

Am weitesten gehen dabei die personalen Vermögenslehren, die den objektiv wirtschaftlichen Ausgangspunkt der h.M. prinzipiell ablehnen und den Vermögensschaden weniger im abstrakten Wertverlust, als in der durch die Vermögensverschiebung bewirkten Beeinträchtigung der wirtschaftlichen Potenz des Vermögensträgers sehen[46]. Das Wesen des Vermögensschadens liegt danach nicht im negativen Wertsaldo, sondern im Ausbleiben des erstrebten wirtschaftlichen Erfolges[47]. Eine Verfehlung des mit einer Verfügung verfolgten Zwecks wird dabei auch dann angenommen, wenn die angebotene Gegenleistung dem dafür erbrachten Vermögensopfer wertmäßig zwar entspricht, aber nicht in der vom Verfügenden vorausgesetzten Weise verwendbar ist.

Damit rückt der Gesichtspunkt der Zweckerreichung gleichsam in den Mittelpunkt der Schadensbestimmung. Die Vertreter der personalen Vermögenslehre halten sich dabei zugute, insbesondere in den hier interessierenden Fällen ganz oder teilweise unentgeltlicher Leistungen einen Vermögensschaden ohne Hilfe „dubioser Konstruktionen" erklären zu können[48].

Die aus dieser „auf den ersten Blick bestechenden, geradezu anthropologischen Vermögensauffassung"[49] resultierende Subjektivierung des strafrechtlichen Vermögens- und Schadensbegriffs wird jedoch von der h.M. zu Recht als zu weitgehend abgelehnt.

Der subjektive Ansatz der personalen Vermögenslehren führt in seiner Konsequenz dazu, daß das Merkmal des Vermögensschadens aus dem Betrugstat-

---

[45] Dazu schon oben C. I.
[46] *Bockelmann*, Kohlrausch-Festschrift, S. 227 (248); ders., Mezger-Festschrift, S. 363 (378 ff.); ders., JZ 1952, 461; *Hardwig*, GA 1956, 6 (17); *Heinitz*, JR 1968, 387; *Labsch*, Untreue, S. 323; *Maiwald*, MschKrim 1972, 191 (194); *Otto*, Struktur, s. 34; ders., BT, S. 134, 223; *Schmidhäuser*, BT, S. 112 f.
[47] Vgl. *Otto*, BT, S. 223; *Labsch*, Untreue, S. 323.
[48] *Otto*, BT, S. 225.
[49] Formulierung von *Tiedemann*, ZStW 86 (1974), 897 (911).

bestand eliminiert wird, da dann letztlich schon jede irrtumsbedingte Vermögensverfügung die Voraussetzungen des objektiven Tatbestands erfüllt[50]. Darüber hinaus würde der Betrug in ein Delikt gegen die Dispositionsfreiheit verwandelt[51] und damit die Grenze zwischen Delikten gegen absolute Rechte und gegen das Vermögen beseitigt[52]. Einwände ergeben sich schließlich aus dem Gesichtspunkt der Rechtssicherheit, da die Grenzen der Straflosigkeit letztlich vom subjektiven Belieben des jeweiligen Vermögensinhabers bestimmt würden[53].

Daran ändert es auch nichts, wenn man als Vermögensgüter einer Person nur diejenigen Objekte ansieht, die von der Verkehrsanschauung als wirtschaftliche Güter betrachtet werden und zur Schadensbegründung nur die Verfehlung eines wirtschaftlichen Zwecks ausreichen läßt[54]. Der Begriff des Wirtschaftlichen allein ist viel zu vage und unbestimmt, als daß daran strafrechtlich bedeutsame Konsequenzen geknüpft werden könnten. Auch die zur Ausfüllung dieses Begriffs bemühte Verkehrsanschauung ist nur wenig konkreter, da sie nur schwer feststellbar ist und zudem stetigem Wandel unterliegt[55].

Die Gefahr einer Ausdehnung des Betrugstatbestands über den Vermögensschutz hinaus auf den Schutz bloßer Dispositionsfreiheit besteht überdies auch insofern, als eine wirtschaftliche Zweckverfehlung selbst dann angenommen wird, wenn der Getäuschte eine wirtschaftlich gleichwertige und für ihn uneingeschränkt verwendbare Gegenleistung erhält. Da eine Vermögensminderung hier auch bei individuell objektiver Betrachtungsweise nicht festzustellen ist, kann sich die Beeinträchtigung des Getäuschten nur auf ein außerhalb des Vermögens liegendes Interesse beziehen[56]. Damit wird aber deutlich, daß auch das Kriterium der wirtschaftlichen Zweckverfehlung nicht geeignet ist, einer Ausdehnung des Betrugstatbestands auf bloße Dispositionsbeeinträchtigungen wirksam entgegenzutreten.

---

[50] *Samson*, SK, § 263 Rdn. 130.
[51] *Lackner*, LK, § 263 Rdn. 124; *Maurach/Schroeder*, BT 1, S. 145; *Samson*, SK, § 263 Rdn. 161.
[52] *Samson*, SK, § 263 Rdn. 161.
[53] *Lackner*, LK, § 263 Rdn. 124; *Tiedemann*, ZStW 86 (1974), 897 (911).
[54] Vgl. insbesondere *Bockelmann*, Kohlrausch-Festschrift, S. 227 (248); *Otto*, BT S. 226; *ders.*, Struktur, S. 64.
[55] Vgl. auch *Maiwald*, MschrKrim 1972, 192.
[56] Besonders anschaulich wird dies bei *Bockelmann*, Kohlrausch-Festschrift, S. 226 (249): „Wer nur aus einer Konkursmasse kaufen möchte, weil er auf diese Weise billiger zu erwerben hofft, ist sicher nicht geschädigt, wenn ihm nicht aus einer solchen Masse, aber zu einem Preise geliefert wird, der auch beim Kauf von Massewaren nicht niedriger zu haben gewesen wäre. Wer aber deshalb aus der Masse kaufen wollte, weil es ihm aus Rücksicht für den befreundeten Gemeinschuldner auf eine Erhöhung der Konkursquote ankommt, der ist geschädigt." Weshalb das Interesse an der Unterstützung des Gemeinschuldners gerade im Hinblick auf das durch den Betrug allein geschützte Vermögen Beachtung verdienen soll, ist nicht ersichtlich.

Das Bedenken einer mit dem Schutzzweck des Betrugstatbestands nicht zu vereinbarenden Subjektivierung des Vermögens- und Schadensbegriffs gilt in besonderer Weise für den funktionalen Vermögensbegriff *Weidemanns*[57], der bei der Frage der Schadenskompensation jede auch nur ideelle Zwecksetzung des Vermögensinhabers berücksichtigen will und so den Betrag eindeutig in ein Delikt gegen die personale Dispositionsfreiheit verflüchtigt[58].

Insgesamt bieten die an die Person des Vermögensinhabers anknüpfenden Vermögenslehren damit jedenfalls solange keine brauchbare Alternative zum im Ausgangspunkt wirtschaftlichen Vermögensbegriff, als Kriterien fehlen, die sicherstellen, daß der Betrugstatbestand nicht auf den Schutz der bloßen Dispositionsfreiheit ausgedehnt wird[59]. Die sich aus der wirtschaftlichen Betrachtungsweise ergebenden Schwierigkeiten einer Schadensbegründung bei ganz oder teilweise unentgeltlichen Leistungen können mithin nicht schon durch die Zugrundelegung eines personalen oder funktionalen Vermögensbegriffs umgangen werden.

b) Die zwischen privatem und staatlichem Vermögen differenzierenden Auffassungen

Andere Autoren differenzieren nur zwischen privatem und öffentlichem Vermögen und halten bloß bei letzterem die Zwecksetzungen des Vermögensträgers für voll relevant[60]. Diese Ansicht beruht auf der Annahme, daß der Vermögensbegriff beim Staat ein anderer sei, als im privaten Bereich[61]. Dies wird einmal damit begründet, daß der Staat anders als der Private sein Vermögen nicht zur Befriedigung individueller Bedürfnisse, sondern zur Erreichung sozialpolitischer Ziele einsetze[62]. Des weiteren wird angeführt, daß die öffentliche Haushaltswirtschaft im Gegensatz zum privaten Wirtschafter, dessen Leistungszwecke willkürlich, austauschbar und zurücknehmbar seien, in ihren Vermögensentscheidungen durch Haushaltsordnungen, Haushaltspläne und den Grundsatz größtmöglicher Wirtschaftlichkeit normativ gebunden sei[63]. Anders als beim Ver-

---

[57] Kompensationsproblem, S. 199 ff., 215; *ders.,* MDR 1973, 992 f.
[58] Vgl. zur Kritik *Blei,* JA 1974, 101; *Lackner,* LK, § 263 Rdn. 124; *Schönke/Schröder/ Cramer,* § 263 Rdn. 81.
[59] Die Behauptung *Schmidhäusers,* BT, S. 112, der personale Vermögensbegriff mache den „derzeitigen Endpunkt einer seit Jahrzehnten anhaltenden Diskussion" aus, dürfte angesichts der gegen diese Lehre nach wie vor bestehenden Bedenken zumindest als verfrüht zu bezeichnen sein.
[60] Insbesondere *Tiedemann,* LK, § 263 Rdn. 9 f.; *ders.,* ZStW 86 (1974), 897 (910 ff.); *ders.,* Wirtschaftsrecht, AT, S. 86; *ders.,* Subventionskriminalität, S. 314; *Volk,* Gutachten, S. 459; vgl. auch *Blei,* Prot., S. 2503; *Lampe,* Prot., S. 2511; *Hoppenz,* Struktur, S. 109 f.
[61] Vgl. zu dieser These *Amelung,* Rechtsgüterschutz, S. 374 ff.
[62] *Amelung,* Rechtsgüterschutz, S. 375.
[63] *Tiedemann,* ZStW 86 (1974), 897 (910 ff.); *ders.,* Subventionskriminalität, S. 314 f.

mögen eines Privaten handele es sich bei den öffentlichen Haushaltsmitteln um ein bloßes Durch- oder Umlaufvermögen des Staates, das aus einer Vermögensentziehung resultiere und zur Vermögensverteilung bestimmt sei. Dieser Vermögensverteilungs- und -entziehungsprozeß werde aber dadurch gestört, daß Mittel zu Unrecht ausgezahlt und damit weitere Mittel für die Bewältigung der öffentlichen Aufgaben ausgegeben oder beschafft werden müssen[64].

Tiedemann[65] zieht hieraus den Schluß, daß im Bereich staatlicher Ausgaben der Vermögensschaden nicht an der Verminderung des Vermögensbestandes, sondern an der Beeinträchtigung der wirtschaftlichen Bewegungsfreiheit auszurichten sei.

Weitergehend soll nach *Hoppenz*[66] sogar eine Verschlechterung der Vermögenslage selbst gegeben sein, weil dem Einsatz von Geldmitteln nicht eine entsprechende Abnahme der den Einsatz weiterer Geldmittel erfordernden Unterstützungsaufgaben gegenüberstehe.

Die genannte Unterscheidung erweckt aber schon deshalb Bedenken, weil sie zu einer Aufspaltung des Vermögens- und Schadensbegriffs innerhalb ein- und desselben Tatbestands führt[67]. Aber auch inhaltlich ist diese Differenzierung nicht überzeugend. Dem Gesichtspunkt, daß nur das private Vermögen der Befriedigung bestimmter Bedürfnisse diene, ist entgegenzuhalten, daß auch die Erreichung sozialpolitischer Ziele letztlich als Ausgleich für die Verausgabung öffentlicher Mittel anzusehen ist[68]. Daß sich privates und staatliches Vermögen nicht notwendig in der Art der verfolgten Zwecke unterscheiden, zeigt sich etwa auch daran, daß derselbe Zweck, z.B. die Unterstützung einer sozial schwachen Person, sowohl durch eine staatliche Leistung, etwa in Form der Sozialhilfe, als auch durch die milde Gabe eines privaten Spenders erfolgen kann[69]. Auch der Umstand, daß es sich bei öffentlichen Haushaltsmitteln zumeist um Durchlauf- oder Umlaufvermögen handelt, bietet kein geeignetes Abgrenzungskriterium zum Vermögen eines Privaten. Zum einen gibt es auch bei diesem durchlaufende Vermögensposten, zum anderen sind dem Staat ebenfalls erhebliche Werte als Anlagevermögen einem Vermögensumlauf entzogen[70]. Darüber hinaus liegt auch in der Zweckgebundenheit staatlichen Vermögens kein wesentlicher Unterschied zum Vermögen des Privaten. Einerseits kann privates Vermögen, z.B. das eines Vereins oder einer Stiftung, gleichermaßen einer Zweckbindung im Sinne einer planmäßigen Festlegung bestimmter Verwendungsentscheidungen unter-

---

[64] *Tiedemann*, Subventionskriminalität, S. 315; ders., ZStW 86 (1974), 897 (912).
[65] Subventionskriminalität, S. 315; ders., ZStW 86 (1974), 897 (912).
[66] Struktur, S. 103.
[67] *Lackner*, LK, § 263 Rdn. 177 Fußn. 308; *Neye*, Untreue, S. 50.
[68] *Hack*, Subventionsbetrug, S. 30 f.; *Neye*, Untreue, S. 50.
[69] Vgl. *Hack*, Subventionsbetrug, S. 30.
[70] *Hack*, Subventionsbetrug, S. 26 f.

liegen, zum anderen ist die Bindung an öffentliche Vorschriften ebenfalls nicht auf Dauer festgelegt und unveränderbar[71].

Nicht ersichtlich ist schließlich, wie durch die Verminderung einer künftigen Aufgabenlast der mit dem Einsatz geldwerter Mittel verbundene gegenwärtige Vermögensverlust ausgeglichen werden soll. Mit der Abnahme den Einsatz weiterer Geldmittel erfordernder Unterstützungsaufgaben ließe sich ein derartiger Schadensausgleich nur begründen, wenn der Staat durch seine Leistung von einer ihn wirtschaftlich belastenden Verbindlichkeit befreit würde[72]. Daran fehlt es in den unter dem Gesichtspunkt der Zweckverfehlung erörterten Fällen aber insoweit, als hier ein rechtlicher durchsetzbarer Leistungsanspruch gerade nicht besteht[73].

Nach alledem kann die Vermögensrelevanz sozialer Zwecksetzungen auch nicht mit Besonderheiten der öffentlichen Haushaltswirtschaft begründet werden.

c) Die Zweckerreichung als Erfüllung sittlicher Verbindlichkeiten

Auf der Grundlage seines materialen, im wesentlichen mit dem in der Lehre herrschenden juristisch-ökonomischen übereinstimmenden Vermögensbegriffs versucht *Cramer*, die Vermögensrelevanz sozialer Zwecksetzungen zu erklären. Dabei geht *Cramer*[74] davon aus, daß derjenige, der geldwerte Mittel einsetzt, um soziale Ziele zu erreichen, „regelmäßig eine ihm auferlegte sittliche Pflicht" erfülle. Gehe man davon aus, dann liege es nahe, die Leistung als einen Akt der Erfüllung und die Befreiung von einer sittlichen Verbindlichkeit als Äquivalent einer vermögenswerten Leistung anzusehen. Konstruktiv würde dieser Vorgang der Erfüllung einer rechtlich begründeten Schuld entsprechen, die deswegen nicht zum Schaden führt, weil mit ihr ein Erlöschen der das Vermögen belastenden Verbindlichkeit erreicht wird[75]. Die Gleichsetzung von sittlichen und rechtlichen Verbindlichkeiten entnimmt *Cramer* dabei der in §§ 534, 814 BGB enthaltenen Wertung, derzufolge eine Vermögensverschiebung, die sich in Erfüllung einer sittlichen oder dem Anstand entsprechenden Pflicht vollziehe, von der Rechtsprechung als rechtsgültig akzeptiert werde[76]. Allerdings stelle die Befreiung von einer solchen Pflicht nur für denjenigen ein ausreichendes Äquivalent dar, der seiner Verpflichtung nachkommen, nicht aber für den, der sich ihr ent-

---

[71] Vgl. *Hack*, Subventionsbetrug, S. 29; *Neye*, Untreue, S. 50.
[72] Dazu, daß auch die Befreiung von einer Verbindlichkeit als Gegenwert für den durch die Tilgungsleistung begründeten Vermögensverlust anzusehen ist, siehe oben C. I.
[73] Siehe hierzu oben C. I.
[74] Vermögensbegriff, S. 211 ff.
[75] Vermögensbegriff, S. 211 ff.
[76] Vermögensbegriff, S. 212 f.

ziehen wolle. Daraus ergebe sich, daß Erpressung vorliege, wenn der Genötigte zur Erfüllung einer sittlichen Verbindlichkeit gezwungen werde[77].

Im Ergebnis erfaßt *Cramers* Konstruktion nur einen Teilbereich der unter dem Gesichtspunkt der sozialen Zweckverfehlung erfaßten Fälle. Sie versagt dagegen bei Leistungen, die sittlich neutral sind oder in Art und Umfang über das durch Sitte und Anstand bestimmte Maß hinausgehen[78]. Gerade der praktisch bedeutsamste Anwendungsfall der Zweckverfehlungslehre, der Subventionsbetrug i.e.S., könnte mit der *Cramer'*schen Konstruktion nicht erfaßt werden[79].

Aber auch die von *Cramer* unter Heranziehung des Rechtsgedankens der §§ 534, 814 BGB behauptete Vergleichbarkeit rechtlicher und sittlicher Pflichten hält einer kritischen Überprüfung nicht stand. Die genannten Vorschriften erklären lediglich eine bereits vollzogene Vermögensverschiebung unter besonderen Umständen für rechtsgültig, begründen dagegen gerade kein einem rechtlich durchsetzbaren Anspruch wirtschaftlich vergleichbares Forderungsrecht. Auch schließt die Erfüllung einer sittlichen Verbindlichkeit eine Rückforderung nicht schlechthin, sondern nur dann aus, wenn besondere Umstände hinzutreten. So darf bei § 534 BGB die Schenkung nicht mit einer Auflage versehen gewesen sein[80], und § 814, 2. Alt. BGB scheidet aus bei Leistungen, die in Kenntnis der mangelnden rechtlichen Verpflichtung erbracht werden[81]. Auf die soziale Zweckverfehlung passen diese Vorschriften aber insoweit nicht, als bei diesen gerade nicht von einer Leistungspflicht ausgegangen wird und die Zuwendung vielfach, wie noch zu zeigen sein wird[82], mit einer bestimmten Verwendungsauflage versehen ist. Einer Heranziehung des Rechtsgedankens aus §§ 534, 814 BGB steht daher schon die mangelnde Vergleichbarkeit der der Zweckverfehlung zugrundeliegenden Konstellation entgegen.

Die Annahme, mit einer zu sozialen Zwecken hingegebenen vermögenswerten Leistung werde eine sittliche Verbindlichkeit erfüllt, begegnet darüber hinaus aber auch grundsätzlichen Bedenken. Knüpfte man für die Bejahung einer solchen sittlichen Verbindlichkeit etwa an das Bestehen einer sozialen Notlage an, so müßte beispielsweise ein in Neapel weilender Tourist, der sich einem Heer von Bettlern gegenübersieht, einer Unzahl von Personen gleichzeitig sittlich ver-

---

[77] Vermögensbegriff, S. 214 ff.

[78] Vgl. *Weidemann*, Kompensationsproblem, S. 97; *Neye*, Untreue, S. 49; kritisch auch *Hirsch*, ZStW 81 (1969), 917 (952).

[79] Inkonsequent insoweit *Cramer*, Vermögensbegriff, S. 218 f., der diesen Fall gleichwohl dem Betrugstatbestand unterordnet.

[80] *Palandt/Putzo*, § 534 Anm. 1; *Kollhosser*, Münchener Kommentar, § 534 Rdn. 1.

[81] *Palandt/Thomas*, § 814 Anm. 3. Zwar weist *Cramer*, Vermögensbegriff, S. 213 Fußn. 50, zutreffend darauf hin, daß dann schon § 814, 1. Alt. in Betracht kommt; er übersieht jedoch, daß es für den sich daraus ergebenden Rückforderungsausschluß auf das Bestehen einer sittlichen Verbindlichkeit gerade nicht ankommt.

[82] Siehe unten C. I. 7. b).

pflichtet sein. Eine derartige Ausuferung des einer Person obliegenden Pflichtenkreises ist aber sachlich durch nichts zu rechtfertigen[83].

Mit dem Gesichtspunkt der Erfüllung sittlicher Verbindlichkeiten ist nach alledem die Vermögensrelevanz sozialer Zwecksetzungen ebenfalls nicht zu begründen.

d) Das Kriterium der wirtschaftlichen Relevanz

Eine Begründung für die Vermögensrelevanz der mit einer ganz oder teilweise unentgeltlichen Leistung verfolgten Zwecke versucht *Lackner*[84], der bei grundsätzlicher Beibehaltung der wirtschaftlichen Betrachtungsweise den wirtschaftlichen Vermögensbegriff dahingehend normativiert, daß als Schaden jede wirtschaftlich unvernünftige Ausgabe anzusehen sein soll. Wirtschaftlich unvernünftig soll eine Vermögensausgabe dabei auch dann sein, wenn der mit ihr verfolgte wirtschaftliche oder soziale Zweck verfehlt wird. Zur Begründung wird darauf hingewiesen, daß die Verfolgung von Anliegen, deren Verwirklichung der Schaffung wirtschaftlicher Werte an anderer Stelle diene oder die Bedingungen des Zusammenlebens unter den Menschen verbessere, auch unter ökonomischen Gesichtspunkten Relevanz habe[85]. Dem liegt die Vorstellung eines „homo oeconomicus" zugrunde, dem es nicht lediglich um die Befriedigung eines subjektiven Interesses, sondern in gleicher Weise um die Förderung der allgemeinen ökonomischen und gesellschaftlichen Bedingungen geht, unter denen er lebt. Vor diesem Hintergrund soll etwa auch die Spende, die einem allgemein anerkannten sozialen Zweck dient, ein wirtschaftlich relevanter Vorgang und die Verfehlung des mit der Spende verfolgten Zwecks ein wirtschaftlicher Schaden sein[86].

Eine überzeugende Erklärung dafür, weshalb die Erreichung des mit einer ganz oder teilweise unentgeltlichen Leistung verfolgten sozialen oder wirtschaftlichen Zwecks im Hinblick auf eine Schadenskompensation als Äquivalent anzusehen sein soll, liefert jedoch das Kriterium der wirtschaftlichen Relevanz ebenfalls nicht. Zwar ist es nicht von vornherein ausgeschlossen, die Schaffung wirtschaftlicher Werte an anderer Stelle oder die Verbesserung von Lebensbedingungen als wirtschaftlich bedeutsam und dementsprechend die Verfehlung eines solchen Zwecks als wirtschaftlichen Schaden anzusehen. Eine derartige Erweiterung des auch von *Lackner* zugrundegelegten, im Ausgangspunkt wirtschaftlichen Vermögensbegriffs bedürfte indessen selbst erst der Begründung.

---

[83] Vgl. dazu auch *Hirsch*, ZStW 81 (1969), 917 (952), der darauf hinweist, daß von einer das Vermögen belastenden „sittlichen Verbindlichkeit" nur ausnahmsweise die Rede sein könne.
[84] LK, § 263 Rdn. 170; ebenso *Maiwald*, NJW 1981, 2777 (2781); *Rudolphi*, Klug-Festschrift, S. 315 (322).
[85] *Lackner*, LK, § 263 Rdn. 170.
[86] *Lackner*, LK, § 263 Rdn. 170, 174.

Die Behauptung, daß als Schaden jede wirtschaftlich unvernünftige Ausgabe anzusehen sei, setzt demgegenüber einen in diesem Sinne erweiterten Schadensbegriff bereits als gegeben voraus. Zudem beinhaltet das Kriterium der wirtschaftlichen Vernunft die Gefahr, daß der Umfang des strafrechtlichen Schutzes im Widerspruch zur privatautonomen Verfügungsfreiheit von der Ansicht des Gesetzanwenders darüber abhängig gemacht wird, ob die Aufwendung des Getäuschten einen „objektiven wirtschaftlichen Sinn" hat[87]. Da letztlich jeder Geldausgabe in irgendeiner Form wirtschaftliche Relevanz zukommt, würden überdies die Konturen des Betrugstatbestandes noch mehr verwischt, als sie es ohnehin schon sind[88].

e) Zweckverfehlung als Verletzung von Treuhänderpflichten

Auf der Grundlage der vorstehend kritisierten Auffassung *Lackners* bemüht sich *Rudolphi*[89] in einer die soziale Zweckverfehlung beim Spendenbetrug betreffenden Untersuchung um eine Eingrenzung der bei der Schadensbestimmung zu berücksichtigenden Zwecke. Dabei geht er in Anlehnung an *Lackner* davon aus, daß das einseitige Vermögensopfer des Spenders nur dann eine unvernünftige Ausgabe und damit einen Vermögensschaden i.S.d. § 263 darstelle, wenn das Ziel, wirtschaftliche Werte an einer anderen Stelle zur Verwirklichung des verfolgten Zwecks zu schaffen, ganz oder teilweise verfehlt werde[90]. Für die nähere Bestimmung des insoweit beachtlichen Spendenzwecks greift *Rudolphi* sodann auf die Maßfigur des sorgfältigen Treuhänders eines zweckgebundenen Vermögens zurück, wobei hinsichtlich der weiteren Konkretisierung der sich aus diesem Maßstab ergebenden Pflichtanforderungen an die von Rechtsprechung und Lehre entwickelten Grundsätze zur Bestimmung der Vermögensfürsorgepflichten im Rahmen des Treubruchstatbestandes des § 266 anzuknüpfen sein soll. Eine Zweckverfehlung und damit ein Vermögensschaden des Spenders soll dementsprechend dann anzunehmen sein, wenn der Spendensammler seine ihm als Treuhänder aus der Zweckgebundenheit der Spendengelder fließenden Pflichten verletzt[91].

Die von *Rudolphi* vorgeschlagene Eingrenzung vermögensrelevanter Zwecksetzungen hat zwar gegenüber dem von *Lackner* aufgestellten Kriterium der wirtschaftlichen Vernunft den Vorteil größerer Bestimmtheit. Offen bleibt jedoch auch hier, weshalb neben dem Ausbleiben einer wirtschaftlich gleichwertigen Gegenleistung auch die Verfehlung eines bloß sozialen Zwecks einen Ver-

---

[87] *Dölling,* NJW 1981, 570 (571); *Maurach/Schroeder,* BT 1, S. 422 f.
[88] *Ellmer,* Betrug, S. 136.
[89] Klug-Festschrift, S. 315 ff.
[90] Klug-Festschrift, S. 315 (322).
[91] *Rudolphi,* Klug-Festschrift, S. 315 (323 ff.).

mögensschaden i.S.d. § 263 nach sich ziehen soll. Aus der von *Rudolphi* vorausgesetzten Treupflichtverletzung des § 266 Abs. 1, 2. Alt. als solcher läßt sich für eine derartige Schadensbegründung jedenfalls nichts herleiten. Denn ebensowenig wie beim Betrug nicht schon jede Verfügung automatisch einen Vermögensschaden bedeutet, ist bei der Untreue die Treupflichtverletzung identisch mit dem Zufügen eines Vermögensnachteils[92]. Vielmehr ist auch hier der Eintritt einer Vermögensminderung jeweils positiv festzustellen, wobei grundsätzlich die gleichen Beurteilungsmaßstäbe anzulegen sind wie bei der innerhalb des Betrugstatbestands vorzunehmenden Schadensfeststellung[93]. Damit kann auch dann, wenn der Täuschende wie beim Spendenbetrug zu einer zweckentsprechenden Verwendung in einer einem Treuhänder vergleichbaren Weise verpflichtet ist, ein Vermögensschaden in der Zweckverfehlung nur dann erblickt werden, wenn sich nachweisen läßt, daß der Zweckerreichung selbst vermögensmäßige Bedeutung zukommt. Diesen Nachweis bleibt *Rudolphi* aber ebenso schuldig wie die von ihm zum Ausgangspunkt seiner Überlegungen genommene Ansicht *Lackners*[94].

f) Die Zweckerfüllung als Gegenstand der gegenseitigen Leistungspflicht

Einen anderen Ansatz zum Nachweis der Vermögensrelevanz lediglich „sozialer" Zwecksetzungen vertritt *Hack*[95] im Rahmen einer den Subventionsbetrug betreffenden Untersuchung, die sich insbesondere mit der Frage nach dem durch § 264 geschützten Rechtsgut auseinandersetzt. Danach soll grundsätzlich jede Zwecksetzung kommerzialisierbar und damit einer wirtschaftlichen Bewertung zugänglich sein. Erforderlich sei lediglich, daß diese Zwecksetzung zum Gegenstand eines Austauschverhältnisses gemacht werde. *Hack* geht dabei davon aus, daß die wirtschaftliche Vermögensbewertung nur in dem Umfang objektiv ist, wie ein Markt besteht und dadurch eine communis opinio bezüglich der Vermögensrelevanz. Existiere für eine Leistung kein Markt, so werde sie zum Vermögenswert, indem jemand sich bereit erkläre, für das Erbringen der Leistung eine Gegenleistung einzusetzen[96]. *Hack* verdeutlicht dies an dem Beispiel, daß

---

[92] Vgl. nur RGSt. 53, 194 (195); *Hübner*, LK, § 266 Rdn. 90 mit weiteren Nachw.

[93] H.M.; vgl. BGHSt. 15, 342 (343 f.); BGH NJW 1975, 1234 (1235); RGSt. 71, 333; 73, 283 (285); *Dreher/Tröndle*, § 266 Rdn. 20; *Hübner*, LK, § 266 Rdn. 90; *Lackner*, § 266 Anm. 5 a; *Schönke/Schröder/Lenckner*, § 266 Rdn. 39; *Blei*, BT, S. 260; *Maurach/Schroeder*, BT 1, S. 448; *Welzel*, LB, S. 384. Lediglich für das Ausbleiben einer Vermögensmehrung wird von Teilen des Schrifttums ein über § 263 hinausgehender Schadensbegriff erörtert; vgl. *Samson*, SK, § 266 Rdn. 37 f.; *Schönke/Schröder/Lenckner*, § 266 Rdn. 46. Dabei wird jedoch übersehen, daß die Vereitelung konkreter Erwerbsmöglichkeiten auch vom Schadensbegriff des § 263 erfaßt wird; siehe dazu *Arzt/Weber*, LH 4, S. 40.

[94] Zu deren Kritik siehe oben C. I. 5. d).

[95] Subventionsbetrug, S. 51 ff.

[96] *Hack*, Subventionsbetrug, S. 52.

jemand zur Befriedigung seines Bedürfnisses einen Handstand zu sehen, einem sich Anbietenden DM 5,- gibt, um diesen zu dem Handstand zu veranlassen. Durch die Bereitschaft der Vermögenshingabe zum Zwecke der Leistung eines Handstands, werde dieser selbst zum Vermögenswert, der die Vermögensverringerung durch Zahlung des vereinbarten Preises kompensiere, so daß bei Gesamtsaldierung des Vermögens des Verfügenden kein Vermögensschaden vorliege[97]. Das bedeute aber, daß in den Fällen, in denen die Erfüllung des vorausgesetzten Zwecks keinen objektivierbaren wirtschaftlichen Wert habe und dieser Wert deshalb nicht als Bestandswert den Vermögensbestand erhöhe, die Zweckerfüllung in der Form eines zugrundegelegten wirtschaftlichen Wertes als Ausgleich angesehen werde[98]. Dabei sollen allerdings nicht alle, sondern nur solche Zwecksetzungen zu berücksichtigen sein, bei denen die Zweckerfüllung auch als durch den Täuschenden zu erfüllen vereinbart sei. Denn auch bei Austauschverhältnissen werde nur ein solcher Zweck oder eine einen solchen Zweck erfüllende Leistung berücksichtigt. Täusche etwa ein Verkäufer vor, der Nachbar besitze einen motorgetriebenen Rasenmäher, und kaufe der Getäuschte, um dem Nachbarn nicht nachzustehen, aus diesem Grund ebenfalls einen motorgetriebenen Rasenmäher, so handele er zur Förderung seines Ansehens. Dabei sei allerdings eindeutig, daß der Täuschende als Gegenleistung nur die Lieferung des Rasenmähers schulde. Die Leistung eines höheren Ansehens sei dagegen nicht vereinbart und könne von ihm auch gar nicht erbracht werden, da dieses allein der Verfügungsbefugnis der mit dem Getäuschten zusammentreffenden Personen unterliege[99]. Ebenso verhalte es sich aber in dem Spendensammlerfall des BayObLG[100], in dem über die Höhe der Spenden der Nachbarn getäuscht wird. Auch dieser Täuschende stelle als Gegenleistung lediglich die Verwirklichung bestimmter karitativer Zwecke in Aussicht. Dagegen verfüge auch er nicht über das Ansehen der Nachbarn, das sich der Spender durch eine gleich hohe Spende erhoffe und gebe dies auch nicht vor[101]. Daraus soll sich nach *Hack* allgemein ergeben, daß als vermögensrelevante Zwecksetzung nur der Inhalt der Leistungs- und Gegenleistungsvereinbarung zu berücksichtigen sei, wobei der Gegenstand der gegenseitigen Leistungspflicht nach den Grundsätzen der zivilrechtlichen Vertragsauslegung zu ermitteln sein soll[102].

Gegenüber den zuvor genannten Auffassungen hat die zuletzt genannte Ansicht den Vorzug, daß sie die Schadensermittlung in Übereinstimmung mit

---

[97] Daraus folgt, daß es nicht ausreicht, wenn für die Leistung des Handstands ebenfalls nur eine immaterielle Leistung, also etwa die Vorführung eines Saltos angeboten wird. Da der Salto selbst keine vermögenswerte Leistung verkörpert, kann auch ein dadurch „erkaufter" Handstand keinen Vermögenswert erlangen.
[98] *Hack*, Subventionsbetrug, S. 52 f.
[99] *Hack*, Subventionsbetrug, S. 53.
[100] NJW 1952, 798.
[101] *Hack*, Subventionsbetrug, S. 53.
[102] Subventionsbetrug, S. 53, 55.

I. Ganz oder teilweise unentgeltliche Leistungen

dem herrschenden Vermögens- und Schadensbegriff an wirtschaftliche und damit objektive Bewertungskriterien knüpft. Ausgangspunkt ist dabei die Annahme, daß grundsätzlich jede Zwecksetzung kommerzialisierbar sei, wenn sie nur zum Gegenstand eines Austauschverhältnisses gemacht werde. Daß grundsätzlich auch immaterielle Zwecksetzungen unter dieser Voraussetzung einer Vermögensbewertung zugänglich sein können, zeigt sich etwa daran, daß auch die durch den Besuch einer Theaterveranstaltung oder Musikdarbietung bezweckte Erbauung als Ausgleich für das dafür entrichtete Eintrittsgeld angesehen wird[103].

Damit bietet die vorstehend geschilderte Auffassung zwar möglicherweise einen tauglichen Ansatzpunkt für die Erklärung der Vermögensrelevanz sozialer Zwecksetzungen. Genauerer Untersuchung bedarf jedoch zum einen der diesen Überlegungen als Ausgangspunkt zugrundeliegende Kommerzialisierungsgedanke, demzufolge ein nicht wirtschaftliches Gut bereits dadurch wirtschaftlichen Wert erlangen soll, daß für seine Verschaffung geldwerte Mittel aufgeopfert werden. Die sich daraus ergebenden Konsequenzen sind in der zivilrechtlichen Schadensdiskussion bis in die jüngste Zeit Gegenstand lebhafter Auseinandersetzungen[104]. In deren Mittelpunkt steht die Frage, ob durch eine auf den Kommerzialisierungsgedanken gestützte Schadensbegründung der Kreis der nach § 253 BGB ersatzfähigen Schäden nicht in unzulässiger Weise auf Schäden ausgedehnt werde, die tatsächlich nicht Vermögensschäden seien. Es liegt nahe, daß eine Auseinandersetzung mit diesem Einwand auch für die strafrechtliche Diskussion von Interesse ist, da auch hier der Streit gerade dahin geht, ob durch die Zweckverfehlung lediglich die Dispositionsfreiheit oder darüber hinaus auch das Vermögen betroffen ist.

Probleme wirft des weiteren der Vorschlag auf, vermögensrelevante Zwecksetzungen vom bloß dispositionsbestimmenden Motiv danach abzugrenzen, ob der jeweilige Leistungszweck zum Gegenstand einer im Gegenseitigkeitsverhältnis stehenden Leistungspflicht geworden ist oder nicht. Von einem derartigen dem Austauschverhältnis vergleichbaren Verhältnis von Leistung und Gegenleistung kann nur in dem Teilbereich der unter dem Gesichtspunkt der Zweckverfehlung erörterten Fälle gesprochen werden, in dem zur Zweckerreichung noch ein Verhalten des Leistungsempfängers erforderlich ist.

Dies ist in dem von *Hack* zum Ausgangspunkt seiner Untersuchung genommenen Fall des Subventionsbetrugs deshalb der Fall, weil Subventionen regelmäßig zur Förderung eines bestimmten wirtschaftlichen Verhaltens gewährt werden und dieser Zweck deshalb nur durch eine vom Subventionsnehmer erwartete Leistung verwirklicht werden kann[105]. Ähnlich verhält es sich in dem

---

[103] Vgl. *Lackner*, LK, § 263 Rdn. 181; *Schönke/Schröder/Cramer*, § 263 Rdn. 139.
[104] Vgl. dazu die Nachw. unten C. I. 6. a).
[105] Vgl. nur *Schetting*, Rechtspraxis, S. 4 ff.

Spendensammlerfall des BayObLG[106], bei dem die mit der Spende bezweckte Unterstützung einer karitativen Einrichtung ebenfalls nur erreicht werden kann, wenn der Spendensammler die ihm anvertrauten Gelder auch tatsächlich karitativen Zwecken zuführt.

Anders liegen die Dinge dagegen beim Bettelbetrug. Von einem Leistungsaustausch zwischen Bettelndem und Angebetteltem kann hier insofern nicht die Rede sein, als zur Erreichung des mit dem Almosen bezweckten Unterstützungserfolgs und der daraus resultierenden moralischen Befriedigung des Spenders eine Gegenleistung des Almosenempfängers gerade nicht erforderlich ist. Dieser Zweck wird vielmehr bereits unmittelbar durch die Vermögenshingabe selbst bewirkt, wobei Voraussetzung ist, daß der Almosenempfänger tatsächlich auch bedürftig ist[107]. Macht man eine Vermögensbewertung des mit einer ganz oder teilweise unentgeltlichen Leistung verfolgten Zwecks davon abhängig, daß dieser Zweck zum Gegenstand eines Verhältnisses von Leistung und Gegenleistung geworden ist, müßte eine Vermögensbewertung des mit dem einem vermeintlich Bedürftigen gewährten Almosens bezweckten Unterstützungserfolgs von vornherein ausscheiden.

Die daraus resultierende Unterscheidung zwischen einer erst vom Leistungsempfänger zu bewirkenden Zweckerfüllung und solchen Zwecken, die bereits unmittelbar durch die Vermögenshingabe selbst verwirklicht werden, ist jedoch sachlich durch nichts zu rechtfertigen. Deutlich wird dies etwa an dem mit einer Spende verfolgten wohltätigen Zweck, der durch die unmittelbare Zuwendung an eine bedürftige Person ebensogut erreicht werden kann wie durch die Einschaltung eines zur Weiterleitung der Spende verpflichteten Dritten. Die Ansicht, die nur einem vom Leistungsempfänger zu erfüllenden Zweck vermögensmäßige Bedeutung zumißt, könnte die Zweckerfüllung nur in der zweiten der genannten Alternativen als Ausgleich für den in der Vermögenshingabe liegenden Vermögensverlust berücksichtigen. Eine derartige Differenzierung vermag aber schon deshalb nicht zu überzeugen, weil sich beide Alternativen nur in der Art und Weise der Zweckverfolgung, nicht aber im Inhalt des jeweils verfolgten Zwecks unterscheiden.

6. Eigene Lösung

Nach dem Ergebnis der vorstehenden Untersuchung kommt als Ansatzpunkt für eine Vermögensbewertung lediglich sozialer Zwecksetzungen allein der aus dem zivilistischen Schadensersatz bekannte Kommerzialisierungsgedanke in

---

[106] NJW 1952, 798.
[107] Vgl. dazu *Weidemann*, Kompensationsproblem, S. 225, der diese Leistungsverhältnisse in Abgrenzung zu den zuerst genannten Fällen, in denen der Zweck nicht allein durch die Verfügung, sondern erst durch die Handlung eines Dritten erreicht werden kann, als Fälle einseitiger Zweckerreichung bezeichnet.

Betracht. Dies bedingt eine Untersuchung in zweifacher Richtung. Zum einen ist zu klären, inwieweit der Kommerzialisierungsgedanke überhaupt eine Grundlage für die Lösung der bei Bettel-, Spenden- und Subventionsbetrug auftretenden Schadensprobleme bilden kann. Soweit man eine Kommerzialisierung immaterieller Zwecksetzungen dabei grundsätzlich für zulässig hält, ist sodann zu untersuchen, auf welche Weise sachgerecht zwischen vermögensrelevanten Zwecksetzungen und bloß dispositionsbestimmenden Motiven unterschieden werden kann.

a) Der Kommerzialisierungsgedanke als Ausgangspunkt einer Vermögensbewertung „sozialer" Zwecksetzungen

Der Kommerzialisierungsgedanke ist, wie bereits erwähnt, bekannt aus der zivilrechtlichen Diskussion um die Ersatzfähigkeit immaterieller Schäden. Da gemäß § 253 BGB wegen eines Schadens, der nicht Vermögensschaden ist, eine Entschädigung in Geld nur in den durch das Gesetz bestimmten Fällen gefordert werden kann, hat man versucht, den Kreis ersatzfähiger Güter durch eine Kommerzialisierung an sich immaterieller Werte auszudehnen.

Die Idee der Kommerzialisierung geht zurück auf die inzwischen berühmt gewordene Seereiseentscheidung des BGH aus dem Jahre 1956[108]. Dort hatte der BGH dem Kläger und seiner Ehefrau eine Geldentschädigung dafür zugesprochen, daß sie sich auf einer Schiffsreise zu den Kanarischen Inseln mit den Kleidern behelfen mußten, die sie bei Antritt der Reise trugen. Der Grund für diese Unannehmlichkeit lag in einem nach § 839 BGB zu berücksichtigenden Verschulden der Zollbehörde, infolge dessen die Koffer des Ehepaares nicht rechtzeitig auf das Schiff gelangt waren. Der BGH begründete die Zuerkennung eines Geldersatzes damit, daß die Vorenthaltung der Koffer, die die Unmöglichkeit begründet habe, in gewohnter und angemessener Weise Wäsche und Kleidung wechseln zu können, die angestrebte Erholung nennenswert und unangenehm beeinträchtigt habe. Bei dem mit der Seereise erstrebten und normalerweise erzielten Genuß handele es sich nicht um einen rein immateriellen, ideellen Wert; vielmehr sei ein solcher Genuß angesichts dessen, daß er in der Regel nur durch entsprechende Vermögensaufwendungen „erkauft" werden könne und tatsächlich auch erkauft worden sei, in gewissem Umfang kommerzialisiert, so daß eine Beeinträchtigung dieses Genusses auch eine Beeinträchtigung des mit den gemachten Vermögensaufwendungen erstrebten – vermögenswerten – Äquivalents darstelle[109].

Im Anschluß an die Seereiseentscheidung bejahte die Rechtsprechung unter Rückgriff auf den Kommerzialisierungsgedanken einen ersatzfähigen Ver-

---

[108] BGH NJW 1956, 1234 ff.
[109] BGH NJW 1956, 1234.

mögensschaden außer bei vereiteltem Urlaubsgenuß[110] auch bei entgangenen Gebrauchsvorteilen von Kraftfahrzeugen[111] und mit Einschränkungen auch solchen von Gebäuden[112].

In der Literatur fand diese Kommerzialisierungsrechtsprechung nur zum Teil Zustimmung. Während die Anhänger der Kommerzialisierungsthese[113] mit Hilfe dieses Gesichtspunkts allgemein allen Gebrauchs- und Genußmöglichkeiten, denen die Verkehrsauffassung einen wirtschaftlichen Wert beimißt und die im Verkehr gegen Geld erworben werden können, Vermögenswert zuerkennen möchten, wird von der Gegenansicht[114] eingewandt, mit einer derart weitgehenden Kommerzialisierung immaterieller Werte seien die Grenzen des ersatzfähigen Vermögensschadens eindeutig überschritten. Bemängelt wird insbesondere, daß in einer Zeit, in der so gut wie alle Güter gegen Geld erworben werden können, die Grenzen zwischen Vermögens- und Nichtvermögensschäden vollends beseitigt würden. Dies widerspreche aber der Regelung in § 253 BGB, die mit dem Grundsatz, daß wegen eines Schadens, der nicht Vermögensschaden ist, Ersatz nur in den durch Gesetz bestimmten Fällen gefordert werden könne, gerade die Existenz beider Schadensarten voraussetze[115].

Die gegen den Kommerzialisierungsgedanken erhobene Kritik berücksichtigt indessen nicht genügend den Unterschied zwischen mittelbarer und unmittelbarer Beeinträchtigung des jeweils erkauften Genusses[116]. Um eine bloß mittelbare Genußbeeinträchtigung handelt es sich etwa in dem eingangs geschilderten Seereisefall. Nicht die Leistungen des Reeders als des Vertragspartners des Klägers waren mangelhaft, sondern der Kläger und seine Ehefrau wurden durch das Verschulden eines Dritten, der Zollbehörde, daran gehindert, aus den korrekt erbrachten Leistungen den erhofften persönlichen Gewinn, d.h. Erholung und Reisegenuß, zu ziehen[117]. Bei einer derartigen bloß mittelbaren Beeinträchtigung beinhaltet die Anwendung des Kommerzialisierungsgedankens tatsächlich die Gefahr einer uferlosen Ausweitung des zivilrechtlichen Schadens-

---

[110] Dazu noch BGHZ 60, 214 ff.; weitere Nachw. bei *Müller*, Schadensersatz, S. 18 ff.

[111] Vgl. BGHZ 40, 345 ff.; 45, 212 ff.; 65, 170; BGH NJW 1985, 2471.

[112] Vgl. BGH (Großer Senat) NJW 1987, 50 ff. mit umfangreichen Nachweisen auch zur Gegenansicht; ablehnend aber der Vorlagebeschluß des 5. Zivilsenats in NJW 1986, 2040; ähnlich auch schon BGHZ 66, 277.

[113] Hierzu rechnen insbesondere *Grunsky*, Münchener Kommentar, Vor § 249 Rdn. 12; *Mertens*, Begriff, S. 121 ff.; *Soergel/R. Schmidt*, §§ 249—253 Rdn. 85; *Erman/Sirp*, § 249 Rdn. 94 ff.; § 253 Rdn. 2; *Wiese*, Ersatz, S. 22.

[114] Exemplarisch *Böhmer*, MDR 1964, 453; *Diederichsen*, Klingmüller-Festschrift, S. 65 (73); *Larenz*, Schuldrecht I, S. 503 ff.; *ders.*, Nipperdey-Festschrift, S. 489 (496 ff.); *Löwe*, VersR 1963, 307 ff.; *ders.*, NJW 1964, 701 ff.; *Schultz*, MDR 1963, 370 f.; *Tolk*, Kommerzialisierung, S. 95 ff.

[115] *Diederichsen*, Klingmüller-Festschrift, S. 73; *Larenz*, Nipperdey-Festschrift, S. 496; *Tolk*, Kommerzialisierung, S. 95 ff.

[116] Zu dieser Unterscheidung siehe *Müller*, Schadensersatz, S. 19.

[117] Vgl. *Müller*, Schadensersatz, S. 19.

ersatzes in den Bereich des Nicht-Vermögensschadens. Allein der Umstand, daß der erhoffte Genuß irgendwo gegen Geld verschafft werden kann, würde hier einen Anspruch auf Geldersatz nach sich ziehen[118].

Auch wenn man den Kommerzialisierungsgedanken dahingehend einschränkt, daß der erhoffte Genuß auch tatsächlich erkauft sein muß[119], bleibt doch das Bedenken, daß der Geschädigte durch seine Aufwendungen letztlich selbst darüber bestimmen könnte, was einen Vermögenswert darstellt und wie hoch dieser zu bewerten ist. Das Risiko eines zu hohen Preises ginge ebenso zu Lasten des Schädigers wie der Umstand, daß jemand bereit ist, für ein reines Affektionsinteresse geldwerte Mittel aufzuwenden[120].

Anders verhält es sich demgegenüber bei unmittelbaren Genußbeeinträchtigungen. Um eine solche unmittelbare Beeinträchtigung würde es sich handeln, wenn im schon erwähnten Seereisefall der Verlust der Koffer nicht von den Zollbehörden, sondern vom Vertragspartner des Klägers und seiner Ehefrau, der Reederei, verschuldet worden wäre[121]. Im Unterschied zur bloß mittelbaren Genußbeeinträchtigung durch einen Dritten geht es hier nicht bloß um eine aus einer „zufälligen Begegnung" zwischen Geschädigtem und Schädiger resultierende Haftung, sondern um Ersatzansprüche, die ihre Wurzel in einem rechtsgeschäftlichen Kontakt zwischen Anspruchsteller und Anspruchsgegner haben[122]. Innerhalb vertraglicher Beziehungen steht aber von vorneherein nicht der „objektive", auf eine Vielzahl von Einzelbewertungen zurückgehende Maßstab der Verkehrsauffassung, sondern der intersubjektive Maßstab der vertraglichen Regelung im Vordergrund[123]. Deutlich wird dies vor allem daran, daß die Rechtsprechung beim gegenseitigen Vertrag die Höhe des Schadensersatzes wegen Nichterfüllung der einen Leistung am Wert der vom Geschädigten erbrachten Gegenleistung ausrichtet. So soll etwa der Käufer oder Werkbesteller bei mangelhafter oder ausgebliebener Leistung seinen Schaden nach dem zuvor gezahlten Kaufpreis oder Werklohn berechnen dürfen, den er infolge der Mangelhaftigkeit nutzlos aufgewendet habe[124]. Dies wird zum einen damit begründet, daß Preis und Wert einer mangelfreien Leistung in aller Regel über-

---

[118] Zu diesem Einwand schon oben C. I. 6. a) Fußn. 115.
[119] So vor allem *Böhmer*, MDR 1964, 454; *Diederichsen*, Klingmüller-Festschrift, S. 65 (79, 83); *Esser/Schmidt*, S. 147 f.; *Honsell*, JuS 1976, 225; *Larenz*, VersR 1963, 313; *Löwe*, VersR 1963, 310 ff.; ders., NJW 1964, 704.
[120] Vgl. *Küppers*, Genüsse, S. 90 ff.; *Medicus*, Bürgerliches Recht, S. 495; *H. Lange*, Schadensersatz, S. 171; *Tolk*, Kommerzialisierung, S. 113.
[121] Vgl. *Müller*, Schadensersatz, S. 194.
[122] Vgl. *Ströfer*, Schadensersatz, S. 147.
[123] Vgl. nur *Larenz*, Schuldrecht I, S. 203, wonach es beim gegenseitigen Vertrag nicht auf die objektive Gleichwertigkeit von Leistung und Gegenleistung, sondern allein darauf ankommt, daß jede Partei in der Leistung der anderen ein hinreichendes Entgelt für ihre eigene Leistung erblickt.
[124] So schon RG JW 1912, 686.

einstimmten[125]. Für eine am Wert der vom Geschädigten getätigten Aufwendungen orientierten Schadensberechnung wird des weiteren die Vermutung angeführt, daß die zur Erlangung der Gegenleistung gemachten Aufwendungen durch die Gegenleistung wieder eingebracht worden wären[126]. Ist die Schadensberechnung im Vertragsrecht aber ohnehin nicht am objektiven Wert der vereinbarten Gegenleistung, sondern am Wert der zur Erlangung dieser Gegenleistung gemachten Aufwendungen auszurichten, kann es für die Feststellung eines Vermögensschadens auch nicht mehr darauf ankommen, ob die erstrebte Gegenleistung selbst materieller oder ideeller Natur ist. Entscheidend ist lediglich, daß aufgrund der zwischen den Parteien bestehenden rechtsgeschäftlichen Beziehungen die erstrebte Gegenleistung als Äquivalent der dafür erbrachten Leistung erscheint. Damit steht einer Schadensbegründung unter Heranziehung des Kommerzialisierungsgedankens jedenfalls dann nichts im Wege, wenn sich der Schädiger dem Geschädigten gegenüber als Gegenleistung für das von diesem erbrachte Vermögensopfer zur Verschaffung des fraglichen Genusses gerade verpflichtet hat. Das Bedenken einer für den Schädiger zufälligen und unvorhersehbaren Belastung[127] greift hier insoweit nicht, als es der Vertragspartner im Gegensatz zu einem außenstehenden Dritten in der Hand hat, inwieweit er Verpflichtungen übernimmt[128].

Im Ergebnis erweisen sich die gegen eine Schadensbegründung mit Hilfe des Kommerzialisierungsgedankens vorgebrachten Einwände damit zumindest dann als unbegründet, wenn man eine derartige Schadensfeststellung auf den geschilderten Bereich unmittelbarer Genußbeeinträchtigungen beschränkt.

Bettel-, Spenden- und Subventionsbetrug stehen der zuletzt genannten Gruppe unmittelbarer Beeinträchtigungen insoweit nahe, als auch hier der mit der Aufopferung wirtschaftlicher Werte bezweckte Erfolg nicht durch einen beliebigen Dritten, sondern gerade durch denjenigen vereitelt wird, an den im Hinblick auf die erwartete Zweckerfüllung geleistet worden ist. Damit scheint einer Heranziehung des Kommerzialisierungsgedankens zur Lösung der sich im Hinblick auf die Schadensfeststellung bei Bettel-, Spenden- und Subventionsbetrug ergebenden Probleme grundsätzlich nichts entgegenzustehen. Genauerer Untersuchung bedarf jedoch die Abgrenzung vermögensrelevanter Zwecke vom bloß dispositionsbestimmenden Motiv.

---

[125] Vgl. RG JW 1912, 686; 1913, 595 f.; BGH WM 1969, 835 (836); 1977, 1089 (1090); BGHZ 57, 78 (80); 71, 234 (237 ff.).
[126] Vgl. BGHZ 71, 234 (238 f.).
[127] Zu diesem Einwand schon oben C. I. 6. a) mit Fußn. 120.
[128] Vgl. *Tolk*, Kommerzialisierung, S. 89 f.; ferner *Ströfer*, Schadensersatz, S. 155, der die Anwendung des Kommerzialisierungsgedankens konsequenterweise auf den vertraglichen Bereich beschränkt.

b) Abgrenzung von vermögensrelevantem Zweck und bloß dispositionsbestimmendem Motiv

aa) Notwendigkeit eines von der Art und Weise der Zweckerreichung unabhängigen Abgrenzungskriteriums

Beim Austauschverhältnis erfolgt die Abgrenzung zwischen vermögensrelevantem Zweck und bloß dispositionsbestimmendem Motiv nach dem Gegenstand der gegenseitigen Leistungspflicht. Es wurde jedoch bereits dargelegt, daß eine daran orientierte Grenzziehung gerade beim klassischen Anwendungsfall der Zweckverfehlungslehre, dem Bettelbetrug, zu unbefriedigenden Ergebnissen führen müßte, da hier eine Leistung des Täuschenden zur Zweckerreichung gerade nicht erforderlich ist[129]. Andererseits zeigt sich am Beispiel der zur Erfüllung einer bestehenden Schuld geleisteten Zahlung, daß dem mit einer vermögenswerten Leistung verfolgten Zweck vermögensmäßige Bedeutung auch dann zukommen kann, wenn zur Zweckerreichung eine Gegenleistung des Leistungsempfängers gerade nicht erforderlich ist. Obwohl die Erfüllungswirkung hier bereits unmittelbar durch die Leistungsbewirkung eintritt, ist anerkannt, daß die damit verbundene Befreiung von einer das Vermögen belastenden Verbindlichkeit bei der Schadensfeststellung als Ausgleich für die in der Erfüllungsleistung liegende Vermögensminderung zu berücksichtigen ist[130].

Damit ist es jedenfalls nicht von vorneherein ausgeschlossen, auch solchen Zwecken vermögensmäßige Bedeutung zuzuerkennen, zu deren Verwirklichung eine vom Leistungsempfänger zu erbringende Gegenleistung gerade nicht erforderlich ist. Im folgenden wird daher zu untersuchen sein, ob die Eingrenzung vermögensrelevanter Zwecksetzungen nicht unabhängig von der Art und Weise der Zweckerreichung erfolgen kann.

bb) Ausgleichsansprüche wegen Zweckverfehlung als Abgrenzungskriterium

Entscheidend für die Abgrenzung von vermögensrelevantem Zweck und bloß dispositionsbestimmendem Motiv ist das Bestehen eines Gegenseitigkeitsverhältnisses zwischen Leistung und Leistungszweck derart, daß die Zweckerreichung gerade als das durch das Vermögensopfer „erkaufte" Äquivalent erscheint[131]. Ein typisches Gegenseitigkeitsverhältnis dieser Art ist der gegenseitige Vertrag, bei dem sich jeder Teil zu seiner Leistung nur um der Leistung des anderen Willen verpflichtet[132]. Kennzeichnend für einen solchen gegenseitigen

---

[129] Siehe dazu oben C. I. 5. f) mit Fußn. 107.
[130] Vgl. BGHSt. 20, 136 (137 f.); *Schönke/Schröder/Cramer*, § 263 Rdn. 116 m.w.Nachw.
[131] Vgl. oben C. I. 6. a).
[132] *Larenz*, Schuldrecht I, S. 202.

Vertrag ist, daß jede Partei in der Leistung der anderen ein hinreichendes Entgelt für ihre eigene Leistung erblickt. An einer derartigen „subjektiven Äquivalenz"[133] fehlt es bei den hier interessierenden einseitigen Leistungsverhältnissen aber schon deshalb, weil der Leistende ein solches Entgelt im Sinne einer von ihm zumindest subjektiv als wirtschaftlich gleichwertig angesehenen Gegenleistung gerade nicht erwartet. Der Leistungszweck beschränkt sich vielmehr auf die Verwirklichung eines zahlen- und rechnungsmäßig nicht meßbaren Erfolges. Dies bedeutet jedoch nicht, daß nicht auch ein derartiger Zweck in einem dem gegenseitigen Vertrag vergleichbaren Gegenseitigkeitsverhältnis zu der dafür erbrachten wirtschaftlichen Leistung stehen könnte. Beim gegenseitigen Vertrag kommt der Gegenseitigkeitscharakter der einander geschuldeten Leistungen in der fortdauernden Verbindung der beiderseitigen Hauptleistungspflichten in bezug auf ihre Durchsetzung und auf die Folgen von Leistungsstörungen zum Ausdruck[134]. Aufschluß über die gegenseitige Verknüpfung von Leistung und Gegenleistung geben dabei insbesondere die an das Ausbleiben der Gegenleistung anknüpfenden Leistungsstörungsvorschriften der §§ 323 ff. BGB. Das Grundprinzip dieser Verbindung der wechselseitigen Leistungspflichten kommt in § 323 BGB zum Ausdruck. Nach Abs. 1 dieser Vorschrift verliert derjenige, dessen Leistung infolge eines Umstands unmöglich geworden ist, den weder er noch der andere Teil zu vertreten hat, seinen Anspruch auf die Gegenleistung. Eine bereits erbrachte Gegenleistung kann gemäß § 323 Abs. 3 BGB nach den Vorschriften über die Herausgabe einer ungerechtfertigten Bereicherung zurückgefordert werden. Der Schuldner der unmöglich gewordenen Leistung trägt damit die Vergütungsgefahr, d.h. die Gefahr, des Anspruchs auf die Gegenleistung dadurch verlustig zu gehen, daß seine eigene Leistung durch einen „zufälligen", von keinem Vertragsteil zu vertretendem Umstand unmöglich wird[135]. Das bei den §§ 320 ff. BGB zutage tretende Gegenseitigkeitsverhältnis ist damit gekennzeichnet durch die in den Leistungsstörungsvorschriften zum Ausdruck gelangende wechselseitige Abhängigkeit von Leistung und Gegenleistung, oder allgemeiner gesprochen, von Leistung und Leistungszweck. Aus den dargestellten Grundsätzen ergibt sich, daß ein Gegenseitigkeitsverhältnis von Leistung und mit dieser Leistung bezwecktem Erfolg immer dann anzunehmen ist, wenn an das Ausbleiben des bezweckten Erfolgs Leistungsstörungsansprüche geknüpft sind, aufgrund deren die in Verfolgung dieses Zwecks erbrachte Leistung zurückverlangt werden kann. Bei den unter dem Gesichtspunkt der Zweckverfehlungslehre diskutierten ganz oder teilweise unentgeltlichen Leistungen wäre dementsprechend ein Gegenseitigkeitsverhältnis zwischen der vom Getäuschten erbrachten Leistung und dem damit bezweckten Erfolg immer dann anzunehmen, wenn sich aus einschlägigen Leistungsstörungsregelungen

---

[133] *Larenz,* Schuldrecht I, S. 203 m. Nachw. zum Äquivalenzprinzip.

[134] Vgl. *Larenz,* Schuldrecht I, S. 203, der diese Verknüpfung als funktionelles Synallagma bezeichnet.

[135] Vgl. *Larenz,* Schuldrecht I, S. 286.

I. Ganz oder teilweise unentgeltliche Leistungen

des privaten und in Teilbereichen auch des öffentlichen Rechts[136] ergäbe, daß der Getäuschte bei Verfehlung des von ihm verfolgten Zwecks seine Leistung vom Täuschenden zurückfordern kann.

Im Hinblick auf eine solche Rückforderung kommen allerdings nur solche Ansprüche in Betracht, die unmittelbar an die Zweckverfehlung selbst anknüpfen. Nicht hierher gehört der sich bei einer täuschungsbedingten Verfügung unter dem Gesichtspunkt der Arglistanfechtung immer ergebende Bereicherungsanspruch aus § 812 Abs. 1, Satz 1, 1. Alt. i.V.m. § 123 BGB. Zwar sind im Zusammenhang mit der Erfüllung unvollkommener Verbindlichkeiten auch aus dem Bestehen eines solchen Anfechtungsrechts Rückschlüsse auf den Umfang des strafrechtlich geschützten Vermögens gezogen worden[137]. Dabei wird aber verkannt, daß der sich in Verbindung mit § 123 BGB ergebende Bereicherungsanspruch lediglich eine schon durch die Täuschung gegebene Beeinträchtigung der Willensfreiheit voraussetzt und damit eine nachteilige Auswirkung auf das Vermögen des Getäuschten gerade nicht erfordert. Deutlich wird das daran, daß auch dem Getäuschten günstige Verträge der Anfechtung nach § 123 BGB unterliegen[138].

Eine vermögensrelevante Zwecksetzung ist nach alledem nur anzunehmen, wenn bürgerliches oder öffentliches Recht unmittelbar an die Verfehlung des mit einer Leistung verfolgten Zwecks Ausgleichsansprüche anknüpfen. Diese Orientierung an der außerstrafrechtlichen Behandlung der Zweckverfehlung hat zur Folge, daß im Strafrecht eine vermögensrelevante Zweckverfehlung ebenfalls nur in Betracht kommt, wenn die Verfehlung des mit einer vermögenswerten Leistung verfolgten Zwecks auch nach den Vorstellungen der übrigen Rechtsgebiete eine dem Leistenden nachteilige und deshalb ausgleichsbedürftige Vermögenslage begründet.

Gegen eine solche Orientierung an außerstrafrechtlichen Wertungen könnte zunächst eingewandt werden, daß es gerade eine Errungenschaft der im Ausgangspunkt wirtschaftlichen Betrachtungsweise der h.M. sei, sich von den Fesseln der übrigen Rechtsgebiete gelöst zu haben[139]. Dabei wird aber ganz überwiegend übersehen, daß die einzelnen Rechtsgebiete nicht isoliert nebeneinanderstehen, sondern in vielfältiger Weise miteinander verbunden sind. Besonders deutlich wird dies im Bereich der Rechtfertigungsgründe, für den unter dem Grundsatz der Einheit der Rechtsordnung anerkannt ist, daß in einem Teil der

---

[136] Leistungsstörungsregelungen finden sich im öffentlichen Recht im Bereich des öffentlich-rechtlichen Vertrages der §§ 54 ff. VwVfG, auf den gemäß § 64 VwVfG die Vorschriften des bürgerlichen Rechts, soweit das öffentliche Recht keine speziellere Regelung trifft, entsprechende Anwendung finden.
[137] *Schönke/Schröder*, 17. Aufl., 1974, § 263 Rdn. 127.
[138] Vgl. *Cramer*, Vermögensbegriff, S. 216 Fußn. 61.
[139] Zurück geht dieser Gedanke insbesondere auf eine in den Dreißiger Jahren erschienene Schrift von *Bruns* mit dem Titel „Die Befreiung des Strafrechts vom zivilistischen Denken".

Rechtsordnung nicht erlaubt sein kann, was in einem anderen verboten ist[140]. Die heute herrschende juristisch-ökonomische Vermittlungslehre entnimmt diesem Grundsatz überdies für den Bereich des Vermögensstrafrechts, daß als Vermögensschaden nur solche Einbußen an wirtschaftlichen Werten angesehen werden können, die auch in Widerspruch zur Gesamtrechtsordnung stehen[141]. Bereits aus diesem Zusammenhang ergibt sich, daß der strafrechtliche Vermögens- und Schadensbegriff nicht unabhängig von den Wertungen des Zivilrechts und in Teilbereichen auch des öffentlichen Rechts[142] definiert werden kann. Verstärkt gilt dies dort, wo die vergröbernde Betrachtungsweise des Strafrechts Gefahr läuft, die Konturen des strafrechtlichen Vermögensschutzes zu verwischen. Die Orientierung an den im Bereich der Vermögensbeziehungen sehr viel detaillierteren Regelungen insbesondere des Zivilrechts erscheint damit auch als Gebot der Rechtssicherheit und der tatbestandlichen Bestimmtheit.

Schließlich ergibt sich die Notwendigkeit einer Berücksichtigung außerstrafrechtlicher Wertungen aus dem Grundsatz der Subsidiarität des Strafrechts[143]. Aus dem Subsidiaritätsprinzip folgt insbesondere die sekundäre Natur des Strafrechts[144]. Diesem Gesichtspunkt wird entnommen, daß das Strafrecht als ultima ratio des Rechtsgüterschutzes im Vermögensbereich nur dann eingreifen kann, wenn auch nach den Maßstäben der anderen Rechtsgebiete materiale Vermögensinteressen verletzt sind. Dies setzt aber als Mindesterfordernis voraus, daß der Betroffene auch einen Interessenausgleichsanspruch hat[145]. Bezogen auf die Zweckverfehlung bedeutet dies jedoch, daß eine Einbeziehung in den Betrugstatbestand überhaupt nur insoweit in Betracht kommt, als auch die übrigen Rechtsgebiete, namentlich das Zivilrecht, an die Verfehlung bestimmter Zwecke rechtliche Konsequenzen in Form von Zweckstörungsansprüchen knüpfen.

Damit ergibt sich auch aus dem Gesichtspunkt der Einheit der Rechtsordnung und dem ultima ratio-Charakter des strafrechtlichen Rechtsgüterschutzes, daß im Hinblick auf die Schadensfeststellung nur solche Zwecksetzungen bedeutsam

---

[140] H.M.; vgl. *Jescheck,* LB, S. 261; *Welzel,* LB, S. 92, *Hirsch,* LK, Vor § 32 Rdn. 10 m.w.Nachw.

[141] Vgl. insbesondere *Cramer,* Vermögensbegriff, S. 90 ff.; *ders.,* in: Schönke/Schröder, § 263 Rdn. 82; zust. *Hirsch,* ZStW 81 (1969), S. 917 (945); *Tiedemann,* JurA 1970, 263; früher schon *Kohlrausch/Lange,* § 263 Anm. V 1; *Welzel,* LB, S. 373.

[142] Siehe dazu oben C. I. 6. a) bb) mit Fußn. 136.

[143] Vgl. dazu BVerfGE 39, 1 (46 f.); *Jescheck,* LB, S. 2 f., 40; *Maurach/Zipf,* AT 1, S. 24; *Rudolphi,* SK, Vor § 1 Rdn. 14; *Welzel,* LB, S. 6; *Arthur Kaufmann,* Henkel-Festschrift, S. 89 (100 ff.); *Maiwald,* Maurach-Festschrift, S. 9 (22 f.).

[144] Vgl. *Rudolphi,* SK, Vor § 1 Rdn. 14; *Maurach/Zipf,* AT 1, S. 25 ff.

[145] *Cramer,* Vermögensbegriff, S. 113. Der sich gegebenenfalls aus § 823 Abs. 2 BGB wegen der Verletzung eines Schutzgesetzes ergebende Schadensersatzanspruch ist dabei insoweit ohne Bedeutung, als dieser in seinem haftungsbegründendem Tatbestand die Verletzung des als Schutzgesetz in Betracht kommenden Betrugstatbestands bereits als gegeben voraussetzt und von daher gerade keine Rückschlüsse auf die Reichweite des durch § 263 gewährleistenden Rechtsgüterschutzes zuläßt.

sein können, denen auch die übrigen Rechtsgebiete vermögensmäßige Bedeutung beimessen. Dies ist aber nur dann der Fall, wenn der Verfügende seine Leistung bei Verfehlung des mit ihr verfolgten Zwecks zurückverlangen kann.

7. Praktische Konsequenzen

Im folgenden wird zu untersuchen sein, inwieweit die bei den zum Hauptanwendungsbereich der Zweckverfehlungslehre gehörenden Fallgruppen des Bettel-, Spenden- und Subventionsbetrugs zutage tretenden Zwecksetzungen einer Vermögensbewertung anhand der dargestellten Grundsätze zugänglich sind. Entscheidend für das insoweit vorausgesetzte Gegenseitigkeitsverhältnis von wirtschaftlichem Opfer und damit verfolgten Zweck ist dabei, ob und unter welchen Voraussetzungen die vom Vermögensinhaber erbrachte Leistung nach den Wertungen des privaten oder öffentlichen Rechts gerade im Hinblick auf die Verfehlung des damit verfolgten Zwecks zurückverlangt werden kann.

a) Subventionsbetrug

Subventionen bezwecken regelmäßig die Förderung einer bestimmten wirtschaftlichen Situation[146]. Die Frage, inwieweit die Verfehlung dieses Zwecks zur Rückforderung der Subvention berechtigt, wird erschwert durch die unterschiedlichen Formen der Subventionsgewährung einerseits[147] und den Streit darüber, ob und inwieweit die jeweiligen Subventionsverhältnisse dem öffentlichen oder privaten Recht zuzuordnen sind, andererseits[148]. Es ist jedoch im Rahmen dieser Untersuchung weder erforderlich, auf alle denkbaren Formen staatlicher Subventionierung im einzelnen einzugehen, noch deren rechtliche Einordnung abschließend zu beurteilen. Für die hier interessierende Eingrenzung der bei der Subventionsvergabe im Hinblick auf die Schadensfeststellung beachtlichen Leistungszwecke kommt es lediglich darauf an, ob und unter welchen Voraussetzungen der Subventionsempfänger zur Rückgewähr der gewähr-

---

[146] Vgl. dazu die Legaldefinition in § 264 Abs. 4, die gegenüber dem im Wirtschaftsverwaltungsrecht gängigen Subventionsbegriff nur insofern enger ist, als lediglich Subventionen an Unternehmen erfaßt werden. Von den Subventionen zu unterscheiden sind sonstige staatliche Förderungen, die lediglich allgemeinen gesellschafts-, kultur-, jugend- oder wissenschaftspolitischen Zielen dienen und, wenn sie nicht als „institutionelle Förderungen" privaten Verbänden und Einrichtungen gewährt werden, in der Regel von einem Höchsteinkommen, dem Familienstand und der Kinderzahl abhängig sind (vgl. *Wolff/Bachof*, Verwaltungsrecht III, S. 313). Zu deren Behandlung noch unten C. I. 7. c) mit Fußn. 178.

[147] Gängige Formen sind die Gewährung eines verlorenen Zuschusses oder Zinszuschusses, die Gewährung eines günstigen Darlehens und die Übernahme einer Bürgschaft; vgl. *Wolff/Bachof*, Verwaltungsrecht III, S. 305 f.; *Schetting*, Rechtspraxis, S. 24 ff.

[148] Zum diesbezüglichen Meinungsstand vgl. nur *Götz*, Wirtschaftssubventionen, S. 56 ff.; *Schetting*, Rechtspraxis, S. 311 ff.; *Zacher*, VVDStRL 1967, 349 ff.; *Zuleeg*, Rechtsform, S. 7 ff.

ten Subvention verpflichtet ist. Aufschluß darüber geben die jeweiligen Subventionsordnungen, die das zwischen Subventionsträger und Subventionsempfänger bestehende Subventionsverhältnis konkretisieren. Hier trifft man nun auf eine Vielzahl von Regelungen[149], deren unterschiedliche Ausgestaltung an dieser Stelle jedoch ebenfalls nicht im einzelnen erörtert zu werden braucht. Denn im Ergebnis weist die Rechtspraxis der Subventionierung insoweit weitgehende Übereinstimmung auf, als sie bei einer Störung des Subventionsverhältnisses auf seiten des Subventionsempfängers regelmäßig die Aufhebung des Subventionsverhältnisses vorsieht und damit den Subventionsgeber zur Rückforderung einer bereits gewährten Subvention berechtigt[150].

Voraussetzung ist dabei immer die Nichterfüllung einer dem Subventionsnehmer aufgrund des Subventionsverhältnisses obliegenden[151] Leistungspflicht. Als vermögensrelevanter Zweck kommt damit nur die in den Vergabebestimmungen konkret bezeichnete Gegenleistung des Subventionsempfängers in Betracht. Dieser Zweck wird gemeinhin als Primärzweck bezeichnet. Davon zu unterscheiden ist der darüber hinaus verfolgte Endzweck, zu dessen Verwirklichung der Subventionsnehmer schon tatsächlich nicht in der Lage ist und dessen Realisierung er deshalb auch nicht schuldet. Verdeutlichen läßt sich dies am Beispiel eines für die Aufsuchung oder Ausbeutung von Erdöl- oder Erdgaslagerstätten gewährten Darlehens, bei dem das Aufsuchungs- oder Ausbeutungsvorhaben geeignet sein muß, die wirtschaftliche Entwicklung der deutschen Erdöl- und Erdgasindustrie zu fördern[152]. Hierbei stellen Aufsuchung und Ausbeutung den Primärzweck, die wirtschaftliche Entwicklung der betreffenden Industrie den Endzweck der Subventionierung dar[153]. Vermögensmäßige Bedeutung kommt dabei nur der mit dem Darlehen bezweckten Aufsuchung und Ausbeutung von Erdöl- und Erdgaslagerstätten zu. Denn nur die Verfehlung dieses Zwecks, also die Nichterfüllung der diesbezüglichen Leistungspflichten, berechtigt den Subventionsträger nach den eingangs genannten Grundsätzen zur Aufhebung des Subventionsverhältnisses und damit zur Rückforderung bereits gewährter Subventionsmittel. Das Ausbleiben der darüber hinaus bezweckten Förderung der wirtschaftlichen Entwicklung der deutschen Erdöl- und Erdgasindustrie ist dagegen subventionsrechtlich unbeachtlich. Denn dieser Erfolg, den der einzelne Subventionsnehmer schon tatsäch-

---

[149] Einen Überblick gibt *Schetting,* Rechtspraxis, S. 207 ff.

[150] *Schetting,* Rechtspraxis, S. 338 f.; eine vergleichbare gesetzliche Regelung findet sich nunmehr in § 44 a BHO, wonach der Zuwendungsbescheid widerrufen werden kann, wenn Zuwendungen entgegen dem im Zuwendungsbescheid bestimmten Zweck verwendet oder mit der Zuwendung verbundene Auflagen nicht erfüllt werden.

[151] Dazu, daß es sich bei den sich aus dem Subventionsverhältnis ergebenden Leistungsgeboten nicht um selbständig einklagbare Rechtspflichten, sondern lediglich um den Subventionsnehmer belastende Obliegenheiten handelt, *Schetting,* Rechtspraxis, S. 272 ff.

[152] Vgl. die Richtlinien über die Gewährung von Darlehen an die Erdöl- und Erdgasgewinnungsindustrie bei *Schetting,* Rechtspraxis, S. 9.

[153] Vgl. *Schetting,* Rechtspraxis, S. 9; ebenso *Hack,* Subventionsbetrug, S. 54.

lich gar nicht bewirken kann, wird rechtlich nicht geschuldet und kann daher auch nicht die Grundlage eines an die Nichterfüllung einer dem Subventionsnehmer obliegenden Leistungspflicht anknüpfenden Rückgewähranspruchs sein. Die Bedeutung dieses Endzwecks erschöpft sich damit in derjenigen eines bloß dispositionsbestimmenden Motivs, dessen Enttäuschung für die Schadensfeststellung ebenso unbeachtlich ist wie bei sonstigen Austauschverhältnissen auch.

In dem für eine Vermögensbewertung anhand des Kommerzialisierungsgedankens erforderlichen Gegenseitigkeitsverhältnis zum wirtschaftlichen Opfer steht daher bei der Subventionsvergabe lediglich die im Subventionsverhältnis konkret bezeichnete Gegenleistung des Subventionsempfängers[154].

b) Spendenbetrug

Inwieweit die Verfehlung des mit einer Spende verfolgten wohltätigen oder sonstigen „sozialen" Zwecks zur Rückforderung der in Verfolgung dieses Zwecks erbrachten Leistung berechtigt, hängt zunächst von der Rechtsnatur des durch eine solche Spende begründeten Vertragsverhältnisses ab.

Naheliegend erscheint zunächst die Einstufung der Spende als Schenkung. Nach § 516 Abs. 1 BGB ist die Schenkung „eine Zuwendung, durch die jemand aus seinem Vermögen einen anderen bereichert, ... wenn beide Teile darüber einig sind, daß die Zuwendung unentgeltlich erfolgt". Gerade hinsichtlich der erforderlichen Bereicherung des Spendenempfängers bestehen aber Zweifel, da Spenden vielfach zur Weiterleitung an einen Dritten bestimmt sind. Dementsprechend unterscheiden Rechtsprechung und Lehre zwischen Zuwendungen bzw. Spenden, bei denen der Empfänger nur „Durchgangsstation" ist und das Zugewendete bestimmungsgemäß an Dritte weiterzuleiten hat, und solchen Zuwendungen, bei denen der Sammler die Zuwendung behalten darf. Während bei den endgültig beim Sammler verbleibenden Spenden immer eine Schenkung angenommen wird, soll durch eine zur Weiterleitung an einen Dritten bestimmte Zuwendung grundsätzlich nur eine Treuhänderposition des Sammlers begründet werden, auf die Auftragsrecht Anwendung findet[155]. In Abweichung von diesem Grundsatz wird aber auch bei einer zur Weiterleitung bestimmten Spende eine Schenkung dann angenommen, wenn der Sammler eine juristische Person ist, zu deren satzungsmäßigen Zielen der Zweck gehört, dem die Zuwendung im Einzelfall dienen sollte[156]. Denn auch hier sei die Bereicherung nicht nur vor-

---

[154] Im Ergebnis ebenso *Hack*, Subventionsbetrug, S. 54 f.
[155] Vgl. RGZ 105, 305 ff.; OLG Kiel OLGE 38, 114; *Staudinger/Reuss*, § 516 Rdn. 8; *Palandt/Putzo*, § 516 Anm. 3 b.
[156] Vgl. RGZ 70, 105 ff.; *Kollhosser*, Münchener Kommentar, § 516 Rdn. 8; *Soergel/Mühl*, § 516 Rdn. 27; *Staudinger/Reuss*, § 516 Rdn. 7; *Palandt/Putzo*, § 516 Anm. 3 b; *Erman/Seiler*, § 516 Rdn. 7.

übergehend und formal, sondern materiell und endgültig. Die sammelnde Einrichtung werde durch die Spende lediglich in die Lage versetzt, ihre eigenen Ziele zu verwirklichen.

Ausgehend von dieser Differenzierung sind auch die Rechtsfolgen einer Zweckvefehlung zu bestimmen. Soweit die jeweilige Spende als Schenkung einzuordnen ist, kann es sich einmal um eine Schenkung unter Auflage handeln, bei der der Schenker die Vollziehung der Auflage verlangen kann, wenn er seinerseits geleistet hat (§ 525 Abs. 1 BGB). Eine solche Auflagenschenkung ist dann anzunehmen, wenn der Zuwendung eine Bestimmung zugefügt wird, derzufolge der Empfänger zu einer aus dem Wert des zugewendeten Gegenstandes zu erbringenden Leistung verpflichtet sein soll[157]. Die Leistung darf dabei nach der Vorstellung der Parteien keinen Ausgleich für die Zuwendung, sondern lediglich eine Minderung ihres Werts darstellen. Der Wille der Parteien muß also trotz der Auflage noch auf eine Bereicherung des Empfängers gerichtet sein[158]. Neben der Vollziehung der Auflage kann der Schenker das Geschenk nach § 527 BGB zurückverlangen, wenn der Beschenkte seinen sich aus der Auflage ergebenden Verpflichtungen nicht nachkommt.

Von der Schenkung unter Auflage abzugrenzen wiederum ist die Zweckschenkung, bei der keine einklagbare Verpflichtung des Beschenkten begründet wird, sondern lediglich ein bestimmter Zweck, der mit der Schenkung erreicht werden soll, zur Geschäftsgrundlage gemacht wird[159]. Regelmäßig ist dieser Zweck dabei auf ein vom Beschenkten erwartetes Verhalten gerichtet, das auch in einer bestimmten Verwendung des zugewendeten Gegenstands bestehen kann. Wird dieser Zweck tatsächlich nicht erreicht, kann das Geschenk nach der bereicherungsrechtlichen Regelung der condictio ob rem (§ 812 Abs. 1, S. 2, 2. Alt. BGB) zurückgefordert werden[160]. Entscidend für die Abgrenzung der Zweckschenkung von der reinen Schenkung ist dabei, daß ein mit der Schenkung verfolgter Zweck zur Geschäftsgrundlage geworden ist und nicht bloß einseitiger Beweggrund des Schenkers war[161]. Über die Zweckbestimmung muß nach dem Willen der Parteien eine Einigung als wesentlicher Teil ihrer Abmachungen erzielt worden sein derart, daß die Leistung gerade von der Zweckerreichung abhängig gemacht wird. Diese Einigung braucht dabei nicht unbedingt ausdrücklich erklärt zu sein; es genügt vielmehr auch eine durch schlüssiges Verhalten zum Ausdruck gekommene tatsächliche Willensübereinstimmung zwischen den

---

[157] Vgl. nur *Palandt/Putzo*, § 525 Anm. 1 a.

[158] *Larenz*, Schuldrecht II 1, S. 209; *Palandt/Putzo*, § 525 Anm. 2 c; *Soergel/Mühl*, § 525 Rdn. 3.

[159] Vgl. BGH LM § 527 Nr. 1; BGH NJW 1984, 233; *Kollhosser*, Müchener Kommentar, § 525 Rdn. 4; *Staudinger/Reuss*, § 525 Rdn. 12; *Erman/Seiler*, § 525 Rdn. 8 ff.; *Palandt/Putzo*, § 525 Anm. 2 g.

[160] Vgl. RG JW 1917, 848 (849); *Kollhosser*, Münchener Kommentar, § 525 Rdn. 4.

[161] Vgl. *Palandt/Thomas*, § 812 Anm. 6 A d.

I. Ganz oder teilweise unentgeltliche Leistungen

Parteien über den mit der Leistung bezweckten Erfolg[162]. Im Rahmen des Spendenwesens erlangt die Zweckschenkung neben der Schenkung unter Auflage Bedeutung nur bei Spenden an eine juristische Person, bei der die vom Spender beabsichtigte Verwendung bereits zu den satzungsmäßigen Zwecken gehört. Denn auf der Grundlage der h.M., die hier trotz der Weiterleitung der gesammelten Gelder von einer endgültigen Bereicherung des Empfängers ausgeht, scheidet eine Auflagenschenkung schon deshalb aus, weil diese gerade voraussetzt, daß der Wert der Zuwendung nicht vollständig beim Empfänger verbleibt[163]. Da aber die meisten zur Weiterleitung bestimmten Spenden von in dieser Weise satzungsmäßig gebundenen Organisationen gesammelt werden, wird bei einer Verfehlung des vom Spender verfolgten wohltätigen oder sonstigen sozialen Zwecks deshalb ganz überwiegend ein Rückforderungsanspruch nach § 812 Abs. 1, Satz 2, 2. Alt. BGB gegeben sein.

Anders zu beurteilen sind dagegen die Fälle, in denen eine Spende zwar ebenfalls vom Empfänger nur weitergeleitet werden soll, diese Weiterleitung aber nicht bereits satzungsmäßig festgeschrieben ist. Da die Spenden hier gerade nicht endgültig beim Spendensammler selbst verbleiben, sondern von diesem erst ihrem eigentlichen Zweck zugeführt werden sollen, handelt es sich nicht um eine Schenkung i.S.d. § 516 BGB. In Betracht kommt vielmehr ein Treuhandverhältnis[164], eine fiduziarische Übertragung[165] oder ein Auftragsverhältnis, gegebenenfalls in Verbindung mit einem Aufwendungsvorschuß[166]. Ein sachlicher Unterschied wird durch die unterschiedlichen Bezeichnungen letztlich nicht begründet. Da das Zivilrecht einen eigenständigen Vertragstypus des Treuhändervertrags nicht kennt, handelt es sich auch bei den so bezeichneten Verträgen lediglich um ein Auftragsverhältnis, wenn der Treuhänder, wie es beim Spendensammler regelmäßig der Fall ist, unentgeltlich tätig werden soll (§ 662 BGB)[167]. Die Besonderheiten des Spendenverhältnisses bedingen aber einige Abweichungen gegenüber den gesetzlichen Auftragsvorschriften. Insbesondere das in § 671 BGB verankerte Recht zum jederzeitigen Widerruf des Auftrags und der sich daraus ergebenden Möglichkeit der Rückforderung einer geleisteten Spende wird der bei einer Spendensammlung bestehenden Interessenlage nicht gerecht. Zu den anläßlich einer solcher Aktion zu tätigenden, teilweise erheblichen Aufwendungen im eigenen Namen wird der Spendensammler regelmäßig nur unter der Voraussetzung bereit sein, daß er nicht zusätzlich noch mit dem Risiko einer Rückforderung seitens der Spender belastet wird. Da diese Interessenlage den Spendern regelmäßig auch bekannt ist, wird man im Wege der Auslegung davon

---

[162] Vgl. dazu BGHZ 44, 321 (323); BGH NJW 1973, 612 (613); NJW 1984, 233; *Palandt/Thomas,* § 812 Anm. 6 A d.
[163] Siehe dazu oben C. I. 7. b) mit Fußn. 157.
[164] *Mezger,* RGRK, § 516 Rdn. 7.
[165] *Soergel/Mühl,* § 525 Rdn. 5 und Rdn. 27; *Staudinger/Reuss,* § 516 Rdn. 8.
[166] *Kollhosser,* Münchener Kommentar, § 525 Rdn. 2.
[167] Vgl. dazu RGZ 127, 341 (345); BGH WM 1969, 935; *Palandt/Thomas,* § 662 Anm. 2 b.

ausgehen müssen, daß die Spender jedenfalls schlüssig auf das Recht des jederzeitigen Widerrufs insoweit verzichtet haben[168], als der Spendensammler den sich aus dem Auftrag ergebenden Verpflichtungen nachkommt[169]. Ein Widerruf mit der sich daraus ergebenden Rückforderungsmöglichkeit kommt im Ergebnis daher ebenfalls nur in Betracht, wenn Spenden entgegen dem sich aus dem Auftragsverhältnis ergebenden Spendenzweck verwendet werden. Damit ergibt sich aber neben der Konstellation der Zweckschenkung auch für den Fall einer treuhänderisch übergebenen Spende das Bestehen eines gerade an die Verfehlung des Spendenzwecks anknüpfenden Rückgewähranspruchs.

Weiterer Konkretisierung bedarf jedoch die Frage, wann im Einzelfall eine zur Rückforderung berechtigende zweckwidrige Verwendung von Spenden anzunehmen ist. Dabei ist davon auszugehen, daß nicht alle eingenommenen Spenden unmittelbar dem mit einer Sammlung verfolgten wohltätigen Zweck zugeführt werden können. Regelmäßig wird vielmehr ein gewisser Teil des Spendenaufkommens für bloß mittelbar dem Spendenzweck dienende Ausgaben verwendet werden müssen. Zu nennen sind hier zum einen die Verwaltungskosten, die dem Spendensammler durch bestimmungsgemäßes Weiterleiten der eingesammelten Spenden entstehen. In Betracht kommen aber auch durch Werbung und ähnliche der Schaffung eines Spendenvermögens dienende Maßnahmen angefallene Investitionskosten[170]. Inwieweit solche Aufwendungen dem vom Spender verfolgten Zweck entsprechen, ist ebenfalls im Wege der Auslegung zu ermitteln. Hier liegt dann auch die eigentliche Bedeutung der von *Rudolphi*[171] ins Spiel gebrachten Maßfigur des gewissenhaften und ordentlichen Treuhänders, die bei Fehlen einer ausdrücklichen Vereinbarung Aufschluß darüber geben kann, welche Aufwendungen im Hinblick auf den eigentlichen Spendenzweck noch vom Willen des Spenders gedeckt sind. Aus den gleichen Grundsätzen kann sich schließlich ergeben, daß auch die Verwendung für einen anderen als den ursprünglich geplanten Zweck dem Spenderwillen entsprechen kann. Dies ist dann der Fall, wenn der ursprüngliche Zweck wegen einer Änderung der tatsächlichen Verhältnisse oder eines Überschusses an Spenden nicht erreicht werden kann und die Spende einem möglichst ähnlichen Zweck zugeführt wird[172]. Von einer zur Rückforderung berechtigenden Zweckverfehlung kann mithin erst dann die Rede sein, wenn diese Grenzen überschritten und Spendengelder einer völlig anderen als der zwischen Spender und Spendenempfänger vereinbarten Verwendung zugeführt werden.

Insgesamt ergibt sich damit, daß im Bereich des Spendenwesens Rückgewähransprüche wegen Zweckverfehlung immer dann gegeben sind, wenn die

---

[168] Dazu, daß das Widerrufsrecht bei einem ausschließlich den Interessen des Auftraggebers dienenden Auftrag abdingbar ist, siehe *Palandt/Thomas*, § 671 Anm. 2.
[169] *Ley*, Spendenwesen, S. 114 f.
[170] Vgl. *Ley*, Spendenwesen, S. 117; *Rudolphi*, Klug-Festschrift, S. 324.
[171] Klug-Festschrift, S. 323 ff.
[172] Wie hier *Ley*, Spendenwesen, S. 118; *Rudolphi*, Klug-Festschrift, S. 324.

konkrete Verwendung der Spenden nicht den zwischen Spender und Spendenempfänger zumindest stillschweigend getroffenen Vereinbarungen entspricht. Daraus folgt aber, daß bei der Begebung einer Spende jedenfalls die mit dem Spendenempfänger zumindest stillschweigend vereinbarte Verwendung in dem für eine Vermögensbewertung anhand des Kommerzialisierungsgedankens vorausgesetzten Gegenseitigkeitsverhältnis zum wirtschaftlichen Opfer steht.

c) Bettelbetrug

Mit der milden Gabe an einen Bettler wird regelmäßig der Zweck verfolgt, die Leiden eines Bedürftigen zu lindern[173]. Von den bei der Subventionsgewährung und im Bereich des Spendenwesens relevant werdenden Zwecksetzungen unterscheidet sich dieser Zweck insoweit, als der bezweckte Erfolg nicht erst durch ein Verhalten des Leistungsempfängers, sondern unmittelbar durch die Leistung selbst verwirklicht wird[174]. Voraussetzung für die mit der milden Gabe an einen Bettler bezweckte Linderung menschlicher Not ist lediglich, daß dieser tatsächlich auch bedürftig ist. Fraglich ist, inwieweit auch die Verfehlung eines derartigen unmittelbaren Leistungszwecks zur Rückforderung berechtigt.

Bei dem einem Bedürftigen gewährten Almosen handelt es sich um eine Schenkung im Sinne des § 516 BGB. Der mit dieser Schenkung verfolgte Zweck, die Leiden eines Bedürftigen zu mildern, könnte zunächst zum Gegenstand einer Auflage gemäß § 525 BGB geworden sein mit der Folge, daß die gewährte Zuwendung bei Verfehlung dieses Zwecks nach § 527 BGB zurückgefordert werden könnte. Eine solche Auflage kann jedoch nur angenommen werden, wenn der Beschenkte zu einer aus dem Wert des zugewendeten Gegenstandes zu erbringenden Leistung verpflichtet ist[175]. An einer solchen Verpflichtung zum Erbringen einer den Wert der gewährten Zuwendung schmälernden Leistung fehlt es bei dem einem Bedürftigen gewährten Almosen aber gerade. Zum einen ist nicht ersichtlich, daß der Almosenempfänger überhaupt in irgendeiner Weise in der Verwendung der ihm gewährten Zuwendung beschränkt sein soll. Selbst wenn man aber annimmt, daß der Almosenempfänger die erhaltene Zuwendung in bestimmter Weise, also zur Anschaffung lebensnotwendiger Güter, nicht aber etwa zum Erwerb von Alkohol zu verwenden hat, so würde diese Verpflichtung nicht die für eine Auflage erforderliche Wertminderung beinhalten, da der Erwerb bestimmter Gegenstände den Wert des Geschenks nicht verringert.

---

[173] Vgl. dazu schon *Merkel,* Krim. Abhandlungen, S. 213. Davon zu unterscheiden sind die Fälle, in denen nur gezahlt wird, um den Bettler los zu werden. Soweit die vorgespiegelte Bedürftigkeit nicht zumindest für die Verfügung mitbestimmend war, fehlt es hier schon an der erforderlichen Kausalität zwischen Irrtum und Verfügung (vgl. nur *Welzel,* LB, S. 371).

[174] Vgl. *Weidemann,* Kompensationsproblem, S. 225. Hierher gehören etwa auch die bereits erwähnten (oben C. I. Fußn. 146) staatlichen Förderungen, bei denen zur Zweckerreichung ein Verhalten des Zuwendungsempfängers ebenfalls nicht erforderlich ist.

[175] *Palandt/Putzo,* § 525 Anm. 1 a.

Es könnte sich jedoch um eine sogenannte Zweckschenkung handeln, bei der anders als bei der Auflagenschenkung eine rechtlich einklagbare Verpflichtung nicht entsteht, sondern lediglich ein bestimmter Zweck, der mit der Schenkung erreicht werden soll, zur Geschäftsgrundlage gemacht wird[176]. Grundsätzlich besteht bei einer solchen Zweckschenkung die Möglichkeit der Rückforderung des Geschenks aus ungerechtfertigter Bereicherung dann, wenn der bezweckte Erfolg nicht eintritt (§ 812 Abs. 1, Satz 2, 2. Alt. BGB). Erforderlich hierfür ist jedoch, daß über den mit jeder Leistung notwendigerweise verfolgten Zweck der Mehrung fremden Vermögens hinaus ein besonderer erst zukünftig eintretender Erfolg bezweckt worden ist[177]. Daran fehlt es bei dem einem Bedürftigen gewährten Almosen aber insoweit, als der damit bezweckte Unterstützungserfolg nicht erst zukünftig, sondern bereits gegenwärtig, nämlich unmittelbar durch die Tatsache des Leistungszuflusses selbst erreicht werden soll.

Die zur Zweckerreichung vorausgesetzte Bedürftigkeit des Almosenempfängers kann jedoch als solche zur Geschäftsgrundlage geworden sein mit der Folge, daß bei Fehlen dieser Voraussetzung das dem nur vermeintlich Bedürftigen gewährte Almosen nach den Grundsätzen des Fehlens der Geschäftsgrundlage zurückgefordert werden kann[178]. Geschäftsgrundlage sind dabei alle bei Vertragsschluß zutage getretenen, dem anderen Teil erkennbaren oder von ihm nicht beanstandeten Vorstellungen der einen Partei oder gemeinsame Vorstellungen beider Parteien von dem Vorhandensein oder dem künftigen Eintritt von Umständen, sofern der Geschäftswille auf diesen Vorstellungen aufbaut und diese Umstände nicht ausschließlich in den Risikobereich desjenigen fallen, der sich auf das Fehlen oder den Wegfall der Geschäftsgrundlage beruft[179]. Diese Erfordernisse sind aber hinsichtlich der beim Almosenempfänger vorausgesetzten Bedürftigkeit insoweit gegeben, als der Leistende seine Zuwendung in erkennbarer Weise von dieser Voraussetzung, die auch nicht in seinen Risikobereich fällt, abhängig macht. Damit kann jedoch eine Leistung, die lediglich die Unterstützung eines Bedürftigen bezweckt, zurückgefordert werden, wenn dieser Zweck nicht erreicht werden kann, weil der Empfänger tatsächlich nicht bedürftig ist.

---

[176] Vgl. die Nachw. oben C. I. Fußn. 159.

[177] *Palandt/Thomas,* § 812 Anm. 6 A d.

[178] Als subsidiäres Rechtsinstitut kommen die Grundsätze vom Fehlen bzw. Wegfall der Geschäftsgrundlage allerdings nur in Betracht, soweit nicht speziellere Regelungen eingreifen (vgl. *Palandt/Heinrichs,* § 242 Anm. 6 b b mit Nachw.). Bedeutsam wird dies insbesondere bei den oben (C. I. Fußn. 146) erwähnten staatlichen Förderungen, wo sich regelmäßig bereits aus der Vergabe zugrundeliegenden gesetzlichen Bestimmungen ergibt, daß die gewährte Förderung zurückverlangt werden kann, wenn die zur Erreichung des Förderungszwecks erforderlichen Voraussetzungen nicht vorliegen; vgl. etwa die diesbezüglichen Regelungen in §§ 7a, 7b, 8 Graduiertenförderungsgesetz i.d.F. vom 22. Januar 1976.

[179] Allgemeine Ansicht; vgl. nur BGH NJW 1978, 2391; 1985, 314; *Palandt/Heinrichs,* § 242 Anm. 6 b a jeweils mit weiteren Nachw.

I. Ganz oder teilweise unentgeltliche Leistungen 53

Daraus folgt, daß auch die mit der Gewährung eines Almosens bezweckte Unterstützung eines Bedürftigen dann in dem für eine Vermögensbewertung anhand des Kommerzialisierungsgedankens vorausgesetzten Gegenseitigkeitsverhältnis zum wirtschaftlichen Opfer steht, wenn die Bedürftigkeit im Verhältnis von Leistendem und Leistungsempfänger übereinstimmend als Voraussetzung der Vermögenshingabe angesehen wird.

d) Schlußfolgerungen

Die bisherigen Erörterungen haben gezeigt, daß bei Bettel-, Spenden- und Subventionsbetrug sämtlich Zwecke betroffen sind, die einer Vermögensbewertung anhand des Kommerzialisierungsgedankens zugänglich sind. Das für eine solche Kommerzialisierung erforderliche Gegenseitigkeitsverhältnis von wirtschaftlichem Opfer und bezwecktem Erfolg kommt dabei dadurch zum Ausdruck, daß die Rechtsordnung den Leistenden bei Verfehlung des von ihm verfolgten Zwecks zur Rückforderung seiner Leistung berechtigt und dadurch zu erkennen gibt, daß sie erst die Zweckerreichung als Gegenwert für den in der Vermögenshingabe liegenden Vermögensverlust ansieht. Damit ist eine Vermögensbewertung anhand des Kommerzialisierungsgedankens aber nicht beschränkt auf solche Zwecke, die wie bei einer zur Förderung einer bestimmten wirtschaftlichen Situation vergebenen Subvention oder einer zu wohltätigen Zwecken hingegebenen Spende als gerade durch den Leistungsempfänger zu erfüllen vereinbart sind. Ein vergleichbares Gegenseitigkeitsverhältnis zwischen wirtschaftlichem Opfer und bezweckten Erfolg kann vielmehr auch dann bestehen, wenn der bezweckte Erfolg wie bei dem einem Bedürftigen zur Linderung seiner Not gewährten Almosen bereits unmittelbar durch die Tatsache des Leistungszuflusses bewirkt wird. In Abgrenzung zum bloß dispositionsbestimmenden Motiv ist insoweit lediglich erforderlich, daß der jeweilige Leistungszweck zumindest zur Geschäftsgrundlage geworden ist. Das ist aber bereits dann der Fall, wenn zwischen Leistendem und Leistungsempfänger jedenfalls in tatsächlicher Hinsicht Einigkeit über den mit der Leistung bezweckten Erfolg besteht und die Zweckerreichung nicht ausschließlich in den Risikobereich des Leistenden selbst fällt.

Die so mögliche Abgrenzung zwischen vermögensrelevantem Zweck und bloß dispositionsbestimmendem Motiv läßt sich am besten verdeutlichen an dem bereits erwähnten Fall, in dem ein Spendensammler frei erfundene, hohe Spendenbeträge in eine Liste eingetragen hatte und sich Spender dadurch bestimmen ließen, „einen ihrem freien Willen und ihren wirtschaftlichen Verhältnissen nicht entsprechenden Betrag zu spenden"[180]. In dem für eine Vermögensbewertung anhand des Kommerzialisierungsgedankens erforderlichen Gegenseitigkeits-

---

[180] BayObLG NJW 1952, 798.

54 C. Die Zweckverfehlungslehre beim Betrug

verhältnis zum wirtschaftlichen Opfer steht hier lediglich die vom Spendensammler in Aussicht gestellte und als Gegenleistung vereinbarte Verwirklichung karitativer Zwecke. Die darüber hinaus erstrebte Ansehenserhöhung bei den Nachbarn kann dagegen als Gegenleistung schon deshalb nicht vereinbart worden sein, weil der Spendensammler über das Ansehen der Nachbarn nicht verfügt und die erstrebte Ansehenserhöhung daher schon tatsächlich gar nicht bewirken kann[181]. Der erforderliche Bezug zum wirtschaftlichen Opfer kann sich auch nicht unter dem Gesichtspunkt der Geschäftsgrundlage ergeben. Da der Spendensammler auf den vom Spender erhofften Prestigegewinn keinen Einfluß hat, fehlt es insoweit an der Voraussetzung, daß der die Geschäftsgrundlage bildende Umstand nicht ausschließlich in den Risikobereich nur einer Partei fallen darf. Im Hinblick auf eine Schadenskompensation kommt damit ausschließlich die vom Spendensammler in Aussicht gestellte Verwirklichung bestimmter karitativer Zwecke in Betracht. Der darüber hinaus bezweckten Ansehenserhöhung bei den Nachbarn kommt dagegen als bloß dispositionsbestimmendes Motiv für die Schadensfeststellung keinerlei Bedeutung zu.

8. Tatbestandssystematische Erfassung vermögensrelevanter Zwecksetzungen

Sind damit die bei Bettel-, Spenden- und Subventionsbetrug zutage tretenden Zwecksetzungen sämtlich einer Vermögensbewertung anhand des Kommerzialisierungsgedankens zugänglich, so bleibt zu untersuchen, wo die sich daraus ergebenden Kompensationsverhältnisse tatbestandssystematisch zu berücksichtigen sind.

*a) Berücksichtigung im Zusammenhang mit
dem Erfordernis der unbewußten Selbstschädigung*

Nach verbreiteter Ansicht[182] kommt den mit einer ganz oder teilweise unentgeltlichen Leistung verfolgten Zwecken Bedeutung lediglich im Zusammenhang mit dem von dieser Auffassung postulierten Erfordernis der unbewußten Selbstschädigung zu. Ausgangspunkt dieser Lehre ist die Annahme, daß bei ganz oder teilweise unentgeltlichen Leistungen ein Schaden im Sinne des wirtschaftlichen Vermögensbegriffs immer vorliege, weil der Vermögenseinbuße auf seiten des Verfügenden keine wirtschaftlich gleichwertige Gegenleistung gegenüberstehe. Ein betrugsrelevanter Schaden soll dadurch jedoch nur dann begründet werden, wenn dem Opfer infolge der Täuschung und des dadurch hervorgerufenen Irrtums die schädigende Wirkung seiner Verfügung verborgen bleibt. Innerhalb der Prüfung des hinsichtlich der Schädigung bestehenden Bewußtseins des

---

[181] Insoweit übereinstimmend *Hack*, Subventionsbetrug, S. 53.
[182] Siehe die Nachw. oben C. I. Fußn. 6.

Getäuschten liegt nun der Ansatzpunkt für die Berücksichtigung der sich aus den Zwecksetzungen des Getäuschten ergebenden Kompensationsverhältnisse. Erst bei der Prüfung dieses Schädigungsbewußtseins soll die Zweckerfüllung abweichend von den bei der Bestimmung des Vermögensschadens zugrunde gelegten Maßstäben dem Vermögensausgleich durch den Zufluß einer wirtschaftlich gleichwertigen Gegenleistung gleichzusetzen sein[183].

b) Berücksichtigung beim Vermögensschaden

Nach anderer Ansicht[184] sollen die sich aus den Zwecksetzungen des Vermögensinhabers ergebenden Kompensationsverhältnisse dagegen als Element des Schadensbegriffs unmittelbar beim Tatbestandserfordernis des Vermögensschadens selbst zu berücksichtigen sein. Bei ganz oder teilweise unentgeltlichen Leistungen wird ein Vermögensschaden dementsprechend nicht schon durch die damit verbundene wirtschaftliche Einbuße, sondern erst dadurch begründet, daß der Verfügende einen Vermögensausgleich in Form der Zweckerfüllung tatsächlich nicht erhält[185].

c) Stellungnahme

Erkennt man an, daß der Erreichung des mit einer ganz oder teilweise unentgeltlichen Leistung verfolgten Zwecks in gleicher Weise Vermögenswert zukommt, wie der Gegenleistung bei einem auf wirtschaftlichen Ausgleich angelegten Rechtsverhältnis, läßt sich auch die tatbestandssystematische Einordnung derartiger Zwecksetzungen nur aus den bei Austauschverhältnissen anzustellenden Überlegungen herleiten. Hier kommt dem Erbringen der Gegenleistung Bedeutung aber ausschließlich für das Tatbestandsmerkmal des Vermögensschadens selbst zu. Wird die in Aussicht gestellte Gegenleistung tatsächlich auch erbracht, so entfällt ein Vermögensschaden unter dem Gesichtspunkt der Schadenskompensation deshalb, weil die Vermögenseinbuße durch den Zufluß einer wirtschaftlich gleichwertigen Gegenleistung ausgeglichen wird. Umgekehrt ist ein Vermögensschaden zu bejahen, wenn die erwartete Gegenleistung ausbleibt und deshalb der Vermögenseinbuße des Getäuschten kein gleichwertiger Vermögenszuwachs gegenübersteht. Die gleichen Kompensationsüberlegungen sind aber auch dann anzustellen, wenn der Getäuschte keine wirtschaftlich gleichwertige Gegenleistung, sondern nur einen dieser gleichzusetzenden sonstigen Erfolg bezweckt. Auch hier ergibt sich ein betrugsrelevanter Vermögens-

---

[183] Vgl. exemplarisch *Schröder*, JR 1962, 431 (432); ders., NJW 1962, 721 (722).
[184] Siehe die Nachw. oben C. I. Fußn. 10.
[185] Beispielhaft dazu *Wessels*, BT 2, S. 129.

schaden abschließend bereits daraus, daß der Getäuschte einen Vermögensausgleich in Form der Zweckerfüllung tatsächlich nicht erhält. Nicht anders als bei auf wirtschaftlichen Ausgleich angelegten Rechtsverhältnissen liegt darin gleichzeitig auch immer eine unbewußte Selbstschädigung. Denn dem Opfer bleibt die schädigende Wirkung seiner Verfügung insofern verborgen, als es infolge der Täuschung darüber im Irrtum ist, daß es einen Vermögensausgleich in Form der Zweckerfüllung erhält. Das Vorliegen der von der herrschenden Lehre für den Betrug vorausgesetzten unbewußten Selbstschädigung ergibt sich damit auch in Fällen der Zweckverfehlung unmittelbar aus dem Merkmal des Vermögensschadens selbst. Für eine gesonderte Prüfung des hinsichtlich der Schädigung bestehenden Bewußtseins des Getäuschten ist hier ebensowenig Raum wie bei entgeltlichen Leistungsverhältnissen. Eigenständige Bedeutung kommt dem Erfordernis der unbewußten Selbstschädigung auch dann nicht zu, wenn der vom Getäuschten verfolgte Zweck tatsächlich erreicht wird. Davon ausgehend, daß der Zweckerreichung im Hinblick auf die Schadenskompensation die gleiche Bedeutung zukommen kann wie dem Erbringen einer wirtschaftlich gleichwertigen Gegenleistung, entfällt Betrug hier ebenfalls nicht etwa erst unter dem Gesichtspunkt einer bewußt vorgenommenen Selbstschädigung[186], sondern bereits deshalb, weil es infolge des durch die Zweckerfüllung bewirkten Vermögensausgleichs bereits am Tatbestandserfordernis des Vermögensschadens selbst fehlt[187]. Mithin kommt dem aus der Anerkennung vermögensrelevanter Zwecksetzungen resultierenden Kompensationshältnis Bedeutung ausschließlich für das Tatbestandsmerkmal des Vermögensschadens selbst zu.

9. Ausscheiden bewußter Selbstschädigungen?

Im Vorhergehenden ging es um die bei ganz oder teilweise unentgeltlichen Leistungen auftretende Schadensproblematik. Dabei hat sich gezeigt, daß dem von der herrschenden Lehre postulierten Erfordernis der unbewußten Selbstschädigung jedenfalls dann keine eigenständige Bedeutung zukommt, wenn der Verfügende mit seiner Leistung einen vermögensrelevanten Zweck verfolgt. Im folgenden wird zu untersuchen sein, inwieweit eine Beschränkung des Betrugstatbestands auf unbewußte Selbstschädigungen neben der Anerkennung vermögensrelevanter Zwecksetzungen überhaupt noch eine dogmatische Berechtigung hat.

---

[186] So aber *Schönke/Schröder/Cramer*, § 263 Rdn. 101.
[187] Siehe dazu schon oben C. I. 4.

I. Ganz oder teilweise unentgeltliche Leistungen 57

*a) Verbleibender Anwendungsbereich für
ein Erfordernis der unbewußten Selbstschädigung*

Nach dem Vorangegangenen kann sich ein eigenständiger Anwendungsbereich für die mit dem Erfordernis der unbewußten Selbstschädigung angestrebte Tatbestandsrestriktion nur dann ergeben, wenn der Getäuschte mit einer bewußt[188] vorgenommenen Vermögensverfügung keinen im Hinblick auf eine Schadenskompensation als Gegenwert anzusehenden Zweck verfolgt. Denn eine bewußte Selbstschädigung ist begrifflich nur denkbar, wenn der Verfügende von vorneherein auf jedweden Ausgleich für seine Vermögenseinbuße verzichtet.

Zu denken wäre hier zunächst an den Fall einer keinen Beschränkungen oder Erwartungen unterliegenden Schenkung, zu der der Getäuschte ausschließlich durch ein im Hinblick auf eine Schadenskompensation unbeachtliches Motiv bestimmt worden ist. Als Beispiel könnte hier der Fall dienen, daß der Onkel O seinem Neffen N 10,- DM schenkt, weil dieser ihm vorspiegelt, von anderen Verwandten gleichfalls 10,- DM erhalten zu haben und O hinter diesen nicht zurückstehen will. Die mit der Geldspende erhoffte Wahrung des Ansehens in der Verwandtschaft kommt als vermögensrelevanter Zweck hier ebensowenig in Betracht wie die im bereits erwähnten Spendensammlerfall[189] erstrebte Ansehenserhöhung bei den Nachbarn. Vermögensmäßige Bedeutung könnte aber der mit der Geldspende gleichfalls bezweckten Taschengeldaufbesserung des N beizumessen sein. Anders als im Spendensammlerfall wird dieser Zweck zwar nicht erst durch eine vom Zuwendungsempfänger zu erbringende Gegenleistung, sondern bereits unmittelbar durch die Tatsache des Leistungszuflusses selbst erreicht. Wie das Beispiel der mit einem Almosen bezweckten Unterstützung eines Bedürftigen zeigt, sind jedoch auch solche unmittelbaren Leistungszwecke einer Vermögensbewertung anhand des Kommerzialisierungsgedankens zugänglich, wenn zur Zweckerreichung eigens wirtschaftliche Mittel aufgewendet werden und der Eintritt des bezweckten Erfolgs nicht ausschließlich in den Risikobereich des Verfügenden fällt[190]. Diese Voraussetzungen sind aber auch dann gegeben, wenn mit einer vermögenswerten Leistung wie im Beispielsfall ausschließlich die Mehrung fremden Vermögens bezweckt wird. Daraus folgt, daß bei einer ausschließlich die Mehrung fremden Vermögens bezweckenden Verfügung bereits die Erreichung dieses Zwecks als Ausgleich für die in der Verfügung liegende Vermögenseinbuße zu berücksichtigen ist.

---
[188] Bei einer unbewußt vorgenommenen Verfügung – jemand unterschreibt einen Schuld- oder Bestellschein in der Meinung, es sei ein Brief oder die Bestätigung eines Vertreterbesuchs (vgl. dazu *Welzel*, LB, S. 371) – ist eine bewußte Selbstschädigung von vorneherein ausgeschlossen, da das Opfer noch nicht einmal von der für den Schaden vorausgesetzten Vermögenshingabe weiß.
[189] Siehe oben C. I. 1. b) mit Fußn. 8.
[190] Vgl. dazu oben C. I. 7. d).

Erfolgt demnach aber jede bewußte und freiwillige Verfügung im Hinblick auf einen vermögensrelevanten Zweck, so scheint es einen eigenständigen Anwendungsbereich für ein Erfordernis der unbewußten Selbstschädigung neben der Anerkennung vermögensrelevanter Zwecksetzungen gar nicht zu geben. Dabei blieben aber diejenigen Fälle unberücksichtigt, in denen der Getäuschte lediglich deshalb verfügt, weil er sich infolge der Täuschung in der psychischen Zwangslage eines Erpreßten befindet. Dies ist einmal dann der Fall, wenn die Täuschung lediglich Bestandteil einer erpresserischen Drohung ist; so etwa, wenn der Täter vortäuscht, eine zur Nötigung verwendete Schreckschußpistole sei scharf geladen[191]. Hierher gehört weiter die trügerische Ausnutzung einer bereits bestehenden Erpressungssituation; beispielsweise wenn jemand nach einer wirklich geschehenen Entführung als angeblicher Entführer auftritt und unter Androhung von Lebensgefahr für das Opfer Lösegeld fordert[192]. Schließlich ist zu nennen der Fall des erpressungsähnlichen Betrugs, bei dem der Täter sein Opfer durch Täuschung in die psychische Zwangslage eines Erpreßten versetzt, ohne zu diesem Zweck zugleich das Mittel der Gewalt oder Drohung anzuwenden; so etwa wenn jemandem vorgespiegelt wird, ein Dritter werde ihm Nachteile durch Offenbarung ehrenrühriger Tatsachen zufügen, falls er kein Schweigegeld erhalte, und der Täuschende sich gleichzeitig anbietet, das Geld zu überbringen[193]. Zwar wird von einem Teil des Schrifttums[194] auch in diesen Fällen eine unbewußte Selbstschädigung mit der Erwägung angenommen, daß bei einer auf Täuschung beruhenden Drohung dem Opfer gerade verborgen bleibe, daß der Zweck seiner Leistung, dem Täter ein bestimmtes Verhalten abzukaufen, wegen Fehlens der tatsächlichen Voraussetzungen von vornherein unerreichbar sei und deshalb verfehlt werde. Weshalb jedoch der vom Opfer bezweckten Unterlassung des angedrohten Übels vermögensmäßige Bedeutung zukommen soll, ist nicht ersichtlich. Zweifel erweckt eine solche Konstruktion schon im Hinblick darauf, daß beim Normalfall der Erpressung der vom Opfer bezweckte Erfolg, dem Täter ein bestimmtes Verhalten abzukaufen, tatsächlich auch erreicht wird und ein Schaden hier konsequenterweise unter dem Gesichtspunkt eines Vermögensausgleichs durch Zweckerreichung verneint werden müßte[195]. Darüber hinaus fehlt es bei einer dem Opfer bloß aufoktroyierten Zwecksetzung aber auch schon an der für eine Vermögensbewertung vorausgesetzten Möglichkeit der Kommerzialisierung. Denn diese würde die bei einer erpressungsähnlichen Zwangslage gerade nicht gegebene Bereitschaft des Verfügenden voraussetzen, die Vermögensminderung im Hinblick auf den damit verfolgten Zweck als sinn-

---

[191] Vgl. auch RGSt. 56, 429 (431), wo sich der Täter als Beamter ausgegeben hatte, um der Nötigung Nachdruck zu verleihen und die mit der Widersetzlichkeit verbundenen Gefahren drastischer vor Augen zu führen.
[192] Vgl. BGHSt. 23, 294.
[193] Vgl. BGHSt. 7, 197.
[194] *Blei*, BT, S. 228; *Krey*, BT 2, S. 123; *Lackner*, LK, § 263 Rdn. 330.
[195] Dazu noch unten D. I. 2.

volle Ausgabe und nicht bloß als Schädigung infolge einer Nötigung einzuordnen[196]. Damit ist aber in den Fällen, in denen der Getäuschte lediglich deshalb verfügt, weil er sich infolge der Täuschung in der psychischen Zwangslage eines Erpreßten befindet, an einer bewußten Selbstschädigung gar nicht zu zweifeln. Denn wenn der Getäuschte für seine Verfügung von vorneherein kein im Hinblick auf die Schadensfeststellung als Vermögensausgleich anzusehendes Äquivalent erwartet, kann ihm das Ausbleiben eines solchen Vermögensausgleichs auch nicht in der für eine unbewußte Selbstschädigung erforderlichen Weise verborgen geblieben sein. Auf der Grundlage der Theorie der unbewußten Selbstschädigung müßte Betrug in den genannten Beispielsfällen dementsprechend schon tatbestandlich ausscheiden. Damit stellt sich aber im folgenden die Frage nach der dogmatischen Berechtigung einer solchen Beschränkung des Betrugstatbestands auf unbewußte Selbstschädigungen.

b) Dogmatische Berechtigung eines Erfordernisses der unbewußten Selbstschädigung

aa) Schwierigkeiten einer solchen Tatbestandsrestriktion

Die Lehre vom Erfordernis der unbewußten Selbstschädigung ist dabei von vorneherein zwei gewichtigen Einwänden ausgesetzt:

Der erste Einwand ist systematischer Natur und betrifft die Frage, an welcher Stelle des Tatbestands ein solches Erfordernis dogmatisch einzuordnen sein soll. Die diesbezüglichen Stellungnahmen in der Literatur[197] beschränken sich dabei auf die Feststellung, daß dem Opfer die schädigende Wirkung seiner Verfügung infolge des vom Täter hervorgerufenen Irrtums verborgen geblieben sein müsse. Wie diesem Erfordernis systematisch Rechnung getragen werden soll, bleibt dagegen offen.

Denkbar wäre zum einen die Tatbestandsmerkmale der Täuschung und des Irrtums dahingehend zu ergänzen, daß sich die insoweit erforderliche Fehlvorstellung des Getäuschten gerade auf die schädigende Wirkung seiner Verfügung beziehen müsse[198]. Diese im Gesetzeswortlaut nicht angelegte Einschränkung des Irrtumserfordernisses wäre in systematischer Hinsicht aber insofern unbefriedigend, als dann schon innerhalb der im Hinblick auf die Prüfungsreihen-

---

[196] Vgl. auch *Otto*, Struktur, S. 303, der dieses Ergebnis allerdings mit der von ihm vertretenen personalen Vermögensauffassung begründet; zu deren Kritik siehe oben C. I. 5. a).

[197] Vgl. die Nachw. oben C. I. Fußn. 4.

[198] Ganz überwiegend wird das Erfordernis der unbewußten Selbstschädigung dementsprechend auch im Zusammenhang mit dem Irrtumsmerkmal erörtert; vgl. dazu die Nachw. in der vorhergehenden Fußnote; anders nur *Frank*, § 263 Anm. VI 1 a und *Maurach/Schroeder*, BT 1, S. 411, die hierin ein Problem der Vermögensverfügung sehen.

folge vorrangigen Merkmale Täuschung und Irrtum eine Vorprüfung des sonst erst an späterer Stelle zu untersuchenden Schadens vorgenommen werden müßte. Denn ob sich die Fehlvorstellung des Getäuschten gerade auf die schädigende Wirkung seiner Verfügung erstreckt, läßt sich denknotwendig erst feststellen, wenn geklärt ist, ob überhaupt ein Schaden gegeben ist.

In systematischer Hinsicht nur wenig vorteilhafter erscheint aber auch die Alternative, den insoweit erforderlichen funktionalen Zusammenhang[199] zwischen Täuschung und Irrtum einerseits und Vermögensschaden andererseits erst im Anschluß an die Schadensfeststellung zu prüfen, da dann erneut in die Prüfung der tatbestandlich vorgelagerten Merkmale Täuschung und Irrtum eingestiegen werden müßte.

Ein weiterer Einwand gründet sich auf die sich aus einer Beschränkung des Betrugstatbestands auf unbewußte Selbstschädigungen im Grenzbereich zur Erpressung ergebenden Strafbarkeitslücken[200].

Straflos bliebe zum einen der an einer mittels Täuschung begangenen Erpressung Beteiligte, der von der Drohung nichts weiß und nur zur Täuschung bestimmen oder sie fördern will[201]. Da das Opfer sich hier ungeachtet der lediglich die Drohung betreffenden Täuschung bewußt selbst schädigt[202], würde es insoweit an der für eine Betrugsteilnahme erforderlichen Haupttat fehlen[203].

---

[199] Diese Bezeichnung findet sich insbesondere bei *Schröder*, NJW 1962, 721 (722); *Lenckner*, NJW 1971, 599 (600); *Otto*, NJW 1979, 681 (686); vgl. auch *Lackner*, LK, § 263 Rdn. 168.

[200] Vgl. dazu *Herzberg*, MDR 1972, 93 ff.; *Wessels*, BT 2, S. 125.

[201] Vgl. dazu den Sachverhalt in BGHSt. 11, 66, wo allerdings eine Strafbarkeit des Teilnehmers im Ergebnis bejaht wird.

[202] Dazu, daß eine unbewußte Selbstschädigung nicht damit begründet werden kann, daß der mit der Verfügung verfolgte Zweck, dem Täter ein bestimmtes Verhalten abzukaufen, von vorneherein unerreichbar ist, schon oben C. I. 9. a).

[203] Dagegen sind die übrigen Voraussetzungen des Betrugstatbestands in Fällen dieser Art gegeben. Der in der Rechtsprechung (BGHSt. 23, 294) und einem Teil des Schrifttums (insbesondere *Otto*, ZStW 79 [1967], 59 [96]) zu findenden Erwägung, der Täuschung komme neben der Drohung keine selbständige Bedeutung zu, ist entgegenzuhalten, daß an einer auf die Erregung eines Irrtums gerichteten Täuschungshandlung auch dann gar nicht zu zweifeln ist, wenn diese lediglich als Mittel der Willensbeugung dient. Betrug kann darüber hinaus auch nicht mit dem Argument verneint werden, es fehle insoweit an einem für notwendig erwachteten Motivationszusammenhang zwischen Irrtum und Verfügung (*Günther*, ZStW 88 [1976], 960 [964]). Denn, daß die Verfügung durch die Täuschung zumindest mitmotiviert worden ist, läßt sich auch dann nicht bestreiten, wenn die Täuschung lediglich Bestandteil der Drohung gewesen ist. Schließlich entfällt Betrug auch nicht deshalb, weil die Verfügung bei einer erpresserischen Drohung nicht in der für § 263 geforderten Weise freiwillig, sondern unter Zwang erfolge (*Küper*, NJW 1970, 2253 [2254]). In Abgrenzung zur Wegnahme ist insoweit lediglich erforderlich, daß sich der Verfügende bei der täuschungsbedingten Herausgabe eines Vermögensgegenstandes nicht ausschließlich von dem Bewußtsein leiten läßt, Widerstand sei im Hinblick auf eine sonst drohende Wegnahme durch den Täter zwecklos. Von einer vergleichbaren Zwangslage kann aber bei einer durch Täuschung vermittelten Drohung insoweit nicht die Rede sein, als hier eine Wegnahmemöglichkeit durch den Drohenden gar nicht besteht.

Eine weitere Strafbarkeitslücke entstünde bei dem bereits erwähnten Fall des erpressungsähnlichen Betruges, bei dem der Täter sein Opfer durch Täuschung in die psychische Zwangslage eines Erpreßten versetzt, ohne zu diesem Zweck zugleich das Mittel der Gewalt oder Drohung anzuwenden[204]. Eine Bestrafung wegen Erpressung und Nötigung scheidet hier deshalb aus, weil der Täter die Verwirklichung des Übels nicht als von seinem Willen abhängig hinstellt. Nach der Lehre vom Erfordernis der unbewußten Selbstschädigung müßte überdies auch eine Strafbarkeit wegen Betrugs verneint werden, da dem Getäuschten auch in diesem Fall die schädigende Wirkung seiner Verfügung nicht verborgen geblieben ist[205].

Angesichts der aufgezeigten systematischen Schwierigkeiten und der kriminalpolitisch bedenklichen Strafbarkeitslücken im Grenzbereich zwischen Betrug und Erpressung stellt sich aber die bereits von *Frisch*[206] angedeutete Frage, weshalb es neben der Anerkennung vermögensrelevanter Zwecksetzungen überhaupt noch eines Erfordernisses der unbewußten Selbstschädigung bedarf.

bb) Der Irrtum als eigentliche Quelle der Vermögensverfügung

Das Erfordernis einer unbewußten Selbstschädigung beim Betrug geht zurück auf *Adolf Merkel,* der als erster forderte, daß sich der Getäuschte „in einem die verletzende Qualität der Handlung verbergenden Irrthume" befinden müsse[207]. *Merkel* begründet diese Einschränkung damit, daß der Betrug durch die Täuschung charakterisiert sei. Die mit dem Merkmal der Täuschung bezweckte Abgrenzung zu den obigen Eigentumsverbrechen sei aber nur dann möglich, wenn die Täuschung den verbrecherischen Erfolg unmittelbar in der Weise herbeiführe, daß der Gegenstand des Verbrechens vom Getäuschten freiwillig in das Vermögen des Täuschenden überführt werde[208]. Daraus folge, daß der Irrtum die eigentliche Quelle der Verletzung darstellen müsse. Dies sei aber nur dann der Fall, wenn der Irrtum dem Getäuschten die ihn benachteiligende Verfügung als in seinem Interesse liegend erscheinen lasse[209].

Diese letzte Folgerung ist jedoch nicht überzeugend. Aus dem Erfordernis einer unmittelbar, also nicht durch eine weitere, dazwischentretende Handlung des Täters herbeigeführten Vermögensbeschädigung durch Täuschung und

---

[204] Vgl. BGHSt. 7, 197.
[205] Vgl. hierzu *Herzberg,* MDR 1972, 93 (94); dazu, daß eine unbewußte Selbstschädigung auch nicht mit dem Gesichtspunkt der Zweckverfehlung begründet werden kann, siehe oben C. I. 9. a).
[206] Bockelmann-Festschrift S. 647 (667).
[207] Krim. Abhandlungen, S. 207 f.
[208] Krim. Abhandlungen, S. 195.
[209] Krim. Abhandlungen S. 207.

Irrtum beim Verfügenden folgt nicht die Beschränkung auf den Irrtum über den vermögensschädigenden Charakter. Als eigentliche Quelle der Vermögensminderung erscheint der Irrtum vielmehr auch dann, wenn der Verfügende nicht über den vermögensschädigenden Charakter seiner Verfügung irrt. Entscheidend ist insoweit lediglich, daß der Getäuschte ohne Irrtum nicht verfügt hätte. Damit, daß der Irrtum die eigentliche Quelle der Vermögensminderung darstellen müsse, läßt sich die Notwendigkeit einer dem Getäuschten unbewußt gebliebenen Selbstschädigung mithin nicht begründen[210].

cc) Der Gesichtspunkt der Kausalität

Andere Autoren des älteren Schrifttums stützen die Notwendigkeit einer unbewußten Selbstschädigung vornehmlich auf Kausalitätserwägungen. Nach *Binding*[211] soll bei bewußter Selbstschädigung der notwendige Kausalzusammenhang zwischen der vorhandenen Täuschung und der schädigenden Handlung unterbrochen sein. Auf *Frank*[212] geht die Erwägung zurück, bei der bewußten Selbstschädigung sei es „nicht der Täuschende, der das Vermögen schädigt, sondern der Getäuschte selbst". Während *Bindings* Argumentation die vollständige Ablehnung der *von Buri*'schen Äquivalenztheorie zugrundeliegt, stützt sich *Franks* Begründung auf die von ihm entwickelte Lehre vom Regreßverbot, wonach Verbindungen einer Bedingung, die „frei und bewußt" auf Herbeiführung eines Erfolges gerichtet sind, keine Ursachenqualität haben. Beide Argumentationen stehen jedoch in Widerspruch zu dem heute in Rechtsprechung und Lehre ganz überwiegend vertretenen Dogma von der Gleichwertigkeit aller Bedingungen eines Erfolges und bilden daher ebenfalls keine tragfähige Grundlage dafür, daß der Betrugstatbestand nur die unbewußte Selbstschädigung erfasse[213].

dd) Die Notwendigkeit einer Abgrenzung zum Diebstahl

Eberhard Schmidt[214] hält eine Beschränkung des Betrugstatbestands auf unbewußte Selbstschädigungen für erforderlich, weil „nur so eine einigermaßen sichere Abgrenzung echter Betrugsfälle möglich sei von den ganz anders gearteten Fällen, wo sich jemand durch Schwindel und Täuschungen und demgemäß auch durch „Irrtumserregung" die Gelegenheit zu anderen Delikten, insbesondere Diebstahl verschaffe". Wie jedoch das Merkmal der unbewußten Selbst-

---

[210] Wie hier *Hoppenz,* Struktur, S. 77.
[211] Lehrbuch BT 1, S. 352.
[212] *Frank,* § 263 Anm. VI 1.
[213] Vgl. *Bockelmann,* BT 1, S. 72.
[214] JZ 1952, 542.

schädigung zur Klärung dieser Abgrenzungsfragen beitragen kann, ist nicht ersichtlich. Nach allgemeiner Ansicht erfolgt die Ausscheidung der hier problematischen Fälle des Trickdiebstahls und des Diebstahls in mittelbarer Täterschaft vielmehr anhand des Merkmals der Vermögensverfügung, das den Betrug als Selbstschädigungsdelikt vom Fremdschädigungsdelikt des Diebstahls unterscheidet[215]. So fehlt es etwa in dem Beispiel, in dem das Opfer einen „falschen" Gasmann einläßt, der dadurch die Möglichkeit erhält, einen Diebstahl zu begehen, schon deshalb an einer Vermögensverfügung, weil der Schaden nicht unmittelbar durch die Handlung des Getäuschten, sondern erst durch eine weitere Handlung des Täters eintritt[216]. Auch in dem Fall, in dem das Opfer aufgrund einer vorgetäuschten Beschlagnahme einen Vermögensgegenstand aushändigt[217], vermag das Erfordernis der unbewußten Selbstschädigung zur Lösung des Abgrenzungsproblems nichts beitragen. Auch hier fehlt es vielmehr an der für den Betrug erforderlichen Vermögensverfügung. Ungeachtet des auf einen Gebeakt hindeutenden Erscheinungsbildes nimmt die heute ganz herrschende Meinung[218] eine Wegnahme i.S.d. § 242 an, da es im Hinblick darauf, daß das Opfer angesichts der vorgetäuschten Beschlagnahme Widerstand für zwecklos hält, an der für eine betrugsrelevante Vermögensverfügung zu fordernden Freiheit der Willensentschließung fehle. Auch zur Abgrenzung von Dreiecksbetrug und Diebstahl in mittelbarer Täterschaft steuert das Erfordernis der unbewußten Selbstschädigung nichts bei. Wie bei den Zweipersonenverhältnissen geht es auch hier ausschließlich um die Unterscheidung der durch das Erfordernis der Vermögensverfügung gekennzeichneten Selbstschädigung (Betrug) von der durch die Wegnahme charakterisierten Fremdschädigung (Diebstahl)[219]. Ob dem Geschädigten das Verhalten des Getäuschten als Selbstschädigung zuzurechnen ist, richtet sich, ungeachtet des dazu bestehenden Meinungsstreits[220] allein nach der objektiven Beziehung des Getäuschten zum Geschädigten. Dem Erfordernis der *unbewußten* Selbstschädigung kommt in diesem Zusammenhang dagegen keine Bedeutung zu.

ee) Die Existenz eines funktionalen Zusammenhangs der Betrugsmerkmale

Schröder[221] entnimmt das Erfordernis der unbewußten Selbstschädigung einer besonderen, über den bloßen Kausalzusammenhang hinausgehenden

---

[215] Vgl. nur *Schönke/Schröder/Cramer*, § 263, Rdn. 63 m. Nachw.
[216] *Frank*, § 263 Anm. IV; *Welzel*, LB, S. 370.
[217] Vgl. die Sachverhalte in RGLZ 1920, 717; 1922, 265.
[218] Vgl. BGHSt. 18, 223; BGH NJW 1952, 796; *Lackner*, LK, § 263 Rdn. 101; *Schönke/Schröder/Cramer*, § 263 Rdn. 63; *Wessels*, BT 2, S. 140 jeweils m.w.Nachw.
[219] Vgl. nur *Schönke/Schröder/Cramer*, § 263 Rdn. 65 ff.
[220] Zum Streitstand vgl. die Nachweise bei *Lackner*, LK, § 263 Rdn. 110 ff. und *Schönke/Schröder/Cramer*, § 263 Rdn. 65 ff.
[221] NJW 1962, 721 (722); ähnlich *Jecht*, GA 1963, 41 (44).

funktionalen Beziehung der einzelnen Tatbestandsmerkmale des § 263 zueinander. Ein derartiger funktionaler Zusammenhang werde ganz überwiegend dadurch anerkannt, daß das aus § 263 unmittelbar nicht zu entnehmende Merkmal der Stoffgleichheit zwischen Schaden und Vorteil dem Betrugstatbestand subintelligiert werde. Daraus ergebe sich, daß eine funktionale Beziehung auch zwischen Irrtum und Schaden gefordert werden müsse. Ein derartiger Rückschluß erscheint jedoch nicht zwingend. Das Erfordernis der Stoffgleichheit wird, ungeachtet seines in den Einzelheiten umstrittenen Inhalts, für notwendig erachtet, den Charakter des Betrugs als Vermögensverschiebungsdelikt zu wahren. Daher sollen nur solche Vorteile durch den Betrugstatbestand erfaßt werden, die der Täter in der Weise aus dem Vermögen des Geschädigten erstrebt, daß der Vorteil gleichsam die Kehrseite des Schadens bildet[222]. Dieser Zielsetzung wird aber bereits durch das Merkmal des Stoffgleichheit selbst abschließend Rechnung getragen. Eine funktionale Beziehung zwischen anderen Tatbestandsmerkmalen des Betrugs kann daraus allein jedenfalls nicht hergeleitet werden.

Einen weiteren Versuch zur Begründung eines funktionalen Zusammenhangs unternimmt *Weidemann*[223]. Seiner Ansicht nach ergibt sich dieser aus einer Parallele zum fahrlässigen Delikt. Wie bei diesem sei auch beim Betrug ein über die bloße Kausalität hinausgehender Zusammenhang zwischen Handlung und Erfolg erforderlich, demzufolge Betrug zu verneinen sei, wenn der vermögensschädigende Erfolg im Falle der Wahrheit der vorgespiegelten Tatsachen der gleiche gewesen wäre. Diese Argumentation vermag jedoch ebenfalls nicht zu überzeugen. Dem sich aus dem Grundsatz „neminem laede" ergebenden Sorgfaltspflicht beim fahrlässigen Delikt entspricht beim Betrug allein die Pflicht, Täuschungen zu unterlassen, die zu einem Vermögensschaden führen. Der für den Pflichtwidrigkeitszusammenhang beim fahrlässigen Delikt anzustellenden Überlegung würde beim Betrug allenfalls die Frage entsprechen, ob es ohne das täuschende Verhalten des Täters ebenfalls zu einem Vermögensschaden gekommen wäre. Diese Frage ist aber auch bei bewußter Selbstschädigung regelmäßig zu verneinen, da der Getäuschte ohne die durch den Täter bewirkte Fehlvorstellung nicht verfügt hätte[224].

ff) Der Betrug als Sonderfall der mittelbaren Täterschaft

Eine andere Rechnung innerhalb dieser Lehre[225] sieht den Betrug als Sonderfall der mittelbaren Täterschaft an, da der Täter den Getäuschten wie bei dieser

---

[222] Vgl. RGSt. 67, 201; BGHSt. 6, 115; BGH NJW 1961, 685; OLG Hamm JMBl NRW 1964, 32; *Lackner*, LK, § 263 Rdn. 265 ff. m.w.Nachw.
[223] GA 1967, 238 ff.; zust. *Lenckner*, NJW 1971, 599 (600).
[224] Im Ergebnis ebenso *Ellscheid*, GA 1971, 161 (164).
[225] *Cramer*, Vermögensbegriff, S. 207; *ders.*, JZ 1971, 415; *Hoppenz*, Struktur, S. 79 ff.;

als Werkzeug für seine Zwecke einsetze. Als Werkzeug könne der Getäuschte aber entsprechend den bei der mittelbaren Täterschaft geltenden Grundsätzen nur angesehen werden, „wenn ihm schon verborgen bleibt, daß das, was er tut, zu einer Verringerung seines Vermögens beiträgt"[226].

Dieser Argumentation wird entgegengehalten, die mittelbare Täterschaft biete nur einen formalen, im materiellen Kern aber nicht überzeugenden Vergleich[227]. Die Rechtsfigur der mittelbaren Täterschaft setze voraus, daß jemand als Werkzeug zur Vornahme einer Unrechtshandlung mißbraucht werde. Gerade daran fehle es aber bei der als solchen rechtmäßigen Selbstschädigung[228]. Die Lehre von der mittelbaren Täterschaft löse allein das Problem, ob ein in der Person des Dritten vorfindbares Realverhalten einem Nichthandelnden zugerechnet werden könne. Bei § 263 gehe es aber nicht um die Zurechnung eines bei Strafe mißbilligten Realverhaltens, sondern um die Entscheidung über Mißbilligung und Strafbarkeit bestimmter Verhaltensweisen selbst[229].

Gegen diese Überlegung könnte man einwenden, daß auch die mittelbare Täterschaft keineswegs notwendig ein Verhalten des Werkzeugs voraussetzt, das als solches bei Strafe mißbilligt ist. Mittelbare Täterschaft kommt vielmehr auch dann in Betracht, wenn der Hintermann sein Opfer durch Täuschung zu einer an sich tatbestandslosen Selbstverletzung veranlaßt[230]. Daraus folgt jedoch noch nicht, daß eine Bestrafung wegen Betrugs notwendig an die Voraussetzungen der mittelbaren Täterschaft gebunden wäre. Voraussetzung einer mittelbaren Täterschaft nach § 25 Abs. 1 ist, daß die Straftat auch durch den Täter selbst begangen werden kann. Daran fehlt es aber beim Betrug insofern, als die Schädigung fremden Vermögens nicht per se unter Strafe gestellt ist, sondern nur dann, wenn die Schädigung durch bestimmte, vom Gesetzgeber als besonders gefährlich angesehene Verhaltensweisen herbeigeführt wird. In der Festlegung dieser an die Art und Weise des Vermögensangriffs zu stellenden Anforderungen ist der Gesetzgeber jedoch frei und nicht etwa an die anerkannten Voraussetzungen der mittelbaren Täterschaft gebunden. Unter diesen Umständen kann ein Erfordernis der unbewußten Selbstschädigung aber auch nicht daraus hergeleitet werden, daß der Betrug von seiner Struktur her der Rechtsfigur der mittelbaren Täterschaft ähnlich ist.

Lenckner, NJW 1971, 599(600); *Schröder,* NJW 1962, 721 (722); vgl. auch *Pröll,* GA, 63 (1917), 411 (415 f., 422); *Joecks,* Vermögensverfügung, S. 85.

[226] *Cramer,* Vermögensbegriff, S. 207.
[227] *Lackner,* LK, § 263 Rdn. 172.
[228] *Frisch,* Bockelmann-Festschrift, S. 647 (651); *Lackner,* LK, § 263 Rdn. 172.
[229] *Frisch,* Bockelmann-Festschrift, S. 647 (652).
[230] Vgl. nur *Roxin,* LK, § 25 Rdn. 83; *Schönke/Schröder/Cramer,* § 25 Rdn. 9.

gg) Teleologische Erwägungen

Zur Begründung einer Restriktion des Betrugstatbestandes auf unbewußte Selbstschädigungen bleibt schließlich noch die ratio der Vorschrift übrig. Dabei wird zum einen argumentiert, daß der Schutzzweck des Betrugstatbestands grundsätzlich dem nicht gelte, der den Wert seines Vermögens bewußt durch sinnvollen Einsatz von Wirtschaftsgütern vermindere[231]. Des weiteren wird angeführt, daß eine Ausdehnung des Betrugstatbestandes auf bewußte Selbstschädigungen letztlich dazu führe, § 263 entgegen seinem Schutzzweck auch dann anzuwenden, wenn der Getäuschte lediglich in seiner Dispositionsfreiheit beeinträchtigt sei[232]. Denn wenn das Opfer in allen Einzelheiten wisse, daß es sein Vermögen mindert, so könnten die Täuschung und deren Wirkung sich nicht gegen ein wirtschaftlich faßbares Interesse des Opfers, sondern nur gegen ein vom Betrugstatbestand nicht geschütztes Affektionsinteresse[233] richten[234]. Hinsichtlich der Gefährdung des geschützten Rechtsguts Vermögen durch den Täter befinde sich der Getäuschte, der um die schädigende Wirkung seiner Verfügung wisse, in keiner schlechteren Situation als andere Vermögensinhaber, die keinem Irrtum erlegen sind[235].

Bei dieser Argumentation wird aber übersehen, daß ein Angriff auf das durch den Betrug allein geschützte Vermögen auch in Fällen bewußter Selbstschädigung gar nicht zu leugnen ist[236]. Die These von einer lediglich die Dispositionsfreiheit beeinträchtigenden Selbstschädigung ist demgegenüber schon in sich widersprüchlich, da sie die paradoxe Vorstellung von einer zu keinem Vermögensschaden führenden Selbstschädigung am Vermögen einschließt[237]. Daß Vermögensinteressen auch durch bewußt herbeigeführte Selbstschädigungen beeinträchtigt werden können, zeigt sich überdies am Beispiel der ebenfalls als Vermögensdelikt[238] ausgestalteten Erpressung. Obwohl sich das unter dem Eindruck der Nötigung stehende Opfer bewußt selbst schädigt, wird ein über die bloße Beeinträchtigung der Dispositionsfreiheit hinausgehender Vermögensangriff von niemandem in Abrede gestellt. Darüber hinaus kann auch nicht argumentiert werden, daß bei einer bewußten Selbstschädigung die Täuschung und deren Wirkung sich nicht gegen ein wirtschaftlich faßbares Interesse des Opfers, sondern nur gegen ein vom Betrugstatbestand nicht geschütztes Affektions-

---

[231] *Lackner,* LK, § 263 Rdn. 172; *Rudolphi,* Klug-Festschrift, S. 315 (317).

[232] *Lackner,* LK, § 263 Rdn. 172; *Maiwald,* NJW 1981, 2777 (2781); *Rudolphi,* Klug-Festschrift, S. 315 (317); *Sonnen,* JA 1982, 593 (594).

[233] RGSt. 16, 1 (10).

[234] *Lackner,* LK, § 263 Rdn. 172; *Rudolphi,* Klug-Festschrift, S. 315 (317).

[235] Vgl. *Backmann,* Betrug, S. 48 ff.; *Ellmer,* Betrug, S. 134.

[236] *Bockelmann,* BT 1, S. 71 f.; *Dölling,* NJW 1980, 570 (571); *Ellscheid,* GA 1971, 161 (166); *Frisch,* Bockelmann-Festschrift, S. 647 (667).

[237] *Ellscheid,* GA 1971, 161 (166).

[238] Vgl. dazu nur *Maurach/Schroeder,* BT 1, S. 385.

interesse richten könnten. Erkennt man an, daß mit jeder bewußten und freiwilligen Verfügung auch ein im Hinblick auf einen Schadensausgleich beachtlicher Zweck verfolgt wird, kommt eine bewußte Selbstschädigung ohnehin nur in Betracht, wenn sich der Getäuschte in der psychischen Zwangslage eines Erpreßten befindet und den mit seiner Verfügung verfolgten Zweck deshalb gerade nicht als Ausgleich für die erlittene Vermögenseinbuße ansieht[239]. In solchem Fall kann eine Verletzung von Vermögensinteressen aber ebensowenig geleugnet werden wie bei einer tatbestandlichen Erpressung auch. Schließlich kann ein Erfordernis der unbewußten Selbstschädigung auch nicht mit der am Gedanken der Opfermitverantwortung orientierten Erwägung begründet werden, daß der Getäuschte, der sich bewußt selbst schädige, im Hinblick auf die Möglichkeiten der Vermögenserhaltung nicht schlechter dastehe als derjenige, der keinem Irrtum erlegen sei[240]. Dabei wird verkannt, daß der Betrugstatbestand nicht bloß bestimmte Möglichkeiten der Vermögenserhaltung, sondern vielmehr das Vermögen als solches gegen Schädigung schützt. Hinsichtlich des allein schützenswerten Vermögens steht der Getäuschte gegenüber dem nicht im Irrtum Befindlichen aber schon deshalb schlechter, als er ohne die Täuschung nicht verfügt und dementsprechend auch keinen Schaden erlitten hätte. Mit Schutzzweck und Rechtsgut des Betrugstatbestandes ist damit aber ein Erfordernis der unbewußten Selbstschädigung ebenfalls nicht zu begründen[241].

10. Ausschluß sozialadäquater Täuschungen?

Zu diskutieren bleibt der Vorschlag *Herzbergs*[242], den Betrug in Analogie zur Erpressung zu einem offenen Tatbestand zu machen und nicht für strafwürdig erachtete Fälle über eine am Maßstab sozialadäquater Täuschungen orientierte Verwerflichkeitsklausel auszuscheiden. Neben der Anerkennung vermögensrelevanter Zwecksetzungen erweist sich eine solche in Umfang und Grenzen völlig unbestimmte Konstruktion[243] aber als ebenso überflüssig wie eine Tatbestandseinschränkung durch ein Erfordernis der unbewußten Selbstschädigung auch. Deutlich wird das an einem von *Herzberg* selbst gebildeten Beispiel. Bittet jemand seinen Onkel um Geld, um angeblich mit seiner blonden Freundin Urlaub zu machen, während er in Wahrheit die rothaarige mitnehmen will, die der Onkel nicht leiden kann, so soll es nach *Herzberg*[244] für eine Strafbarkeit

---

[239] Siehe dazu oben C. I. 9. a).
[240] So aber *Backmann*, Betrug, S. 48 ff.; *Ellmer*, Betrug, S. 134.
[241] In dieser Richtung schon *Ellscheid*, GA 1971, 161 (166), der zu bedenken gibt, daß derjenige, der es versteht, Motive auszulösen, die beim Opfer das Verhaltensschema des homo oeconomicus außer Funktion setzen, nicht weniger gefährlich sei als der Betrüger, der an den ökonomischen Instinkt des Opfers appelliert.
[242] MDR 1972, 93 (95 ff.).
[243] So zutreffend *Lackner*, LK, § 263 Rdn. 172.
[244] MDR 1972, 93 (96).

wegen Betrugs darauf ankommen, ob der Onkel einen verständlichen Grund für seine persönliche Abneigung hat. Damit werden aber ohne Not weitere Unsicherheitsfaktoren in den ohnehin schon wenig konturierten Betrugstatbestand hineingetragen. Die notwendige Ausscheidung von Affektionsinteressen aus dem Schutzbereich des Betrugstatbestands kann auch hier allein aufgrund einer Vermögensbewertung der vom Getäuschten verfolgten Zwecke erfolgen. Ergibt sich insoweit, daß sich der Neffe gegenüber dem Onkel gerade zur Mitnahme der blonden Freundin „verpflichtet" hat, ist ein Betrug schon deshalb zu bejahen, weil der Onkel für seine Leistung dann nicht den entsprechenden Gegenwert in Form der Zweckerfüllung erhalten hat. Hat der Neffe dagegen lediglich versprochen, die gewährte Zuwendung für eine Reise zu verwenden, so erschöpft sich der einer Vermögensbewertung zugängliche Zweck in der Durchführung eben dieser Reise. Wird die Reise tatsächlich auch unternommen, so entfällt Betrug ungeachtet dessen, ob N die blonde oder die rothaarige Freundin mitnimmt, schon deshalb, weil die Leistung des Getäuschten durch die Erreichung dieses Zwecks ausgeglichen wird. Damit erweist sich aber der von *Herzberg* vorgeschlagene Rückgriff auf die Generalklausel der Sozialadäquanz im Ergebnis ebenfalls als unnötig.

II. Zweckverfehlung bei Zufluß einer wirtschaftlich gleichwertigen Gegenleistung

Ein weiteres Problem bildet die Heranziehung des Zweckverfehlungsgesichtspunkts bei wirtschaftlich ausgeglichenen Geschäften.

1. Meinungsstand

a) Befürworter

Hier wird die Auffassung vertreten, daß die Zweckverfehlung einen Vermögensschaden auch dann begründen könne, wenn die Leistung des Getäuschten durch den Zufluß einer wirtschaftlich gleichwertigen Gegenleistung bereits voll ausgeglichen ist. Konsequent ist das aus der Sicht der personalen Vermögenslehren, die den Vermögensschaden nicht primär in dem wirtschaftlichen Wertverlust, sondern in der Verringerung der wirtschaftlichen Potenz des Vermögensträgers sehen und damit jede Zweckvereitelung unabhängig von einer negativen Wertdifferenz im Vermögen des Getäuschten als Schaden begreifen[1]. Auf dem Boden eines juristisch-ökonomischen Vermögensbegriffs halten auch *Gallas*[2] und *Samson*[3] einen Vermögensschaden durch Zweckverfehlung trotz wirtschaft-

---

[1] Siehe die Nachweise oben C. I. Fußn. 46.
[2] Eb. Schmidt-Festschrift, S. 435.

II. Wirtschaftlich gleichwertige Gegenleistung

lich gleichwertiger Gegenleistung für möglich. Nur *Gallas* soll dies aber nur dann gelten, wenn aus einem von vorneherein zweckgebundenen Vermögen geleistet wird. So soll etwa eine Stiftung, deren Vermögen zur Förderung notleidender junger Künstler bestimmt ist, durch den Ankauf eines Bildes, das in Wahrheit von einem arrivierten Maler in guten Verhältnissen stammt, auch dann geschädigt sein, wenn das Bild den dafür gezahlten Preis wert ist[4]. In der Rechtsprechung ist eine Anwendung des Zweckverfehlungsgesichtspunkts bei wirtschaftlich ausgeglichenen Geschäften – neben zwei vereinzelt gebliebenen RG-Entscheidungen zur Untreue[5] – lediglich in einigen oberlandesgerichtlichen Entscheidungen in Erwägung gezogen worden, in denen man sich unter Hinweis auf den Gesichtspunkt der zweck- und sinnlosen Fehlleitung öffentlicher Mittel eine Schadensermittlung überhaupt glaubte ersparen zu können[6].

b) Gegner

Überwiegend wird die Heranziehung des Zweckverfehlungsgesichtspunkts bei wirtschaftlich gleichwertiger Gegenleistung dagegen abgelehnt. Bereits das RG vermochte darin, daß bei einer staatlichen Bestellung ein damit verbundener sozialpolitischer Zweck vereitelt wurde, eine Minderung des staatlichen Vermögens nicht zu erblicken. So wurde ein betrugsrelevanter Schaden etwa verneint in einem Fall, in dem einer staatlichen Stelle, der es auf die Förderung der Wirtschaft in Notstandsgebieten ankam, qualitativ gleichwertige Ware anderer Herkunft geliefert worden war[7]. Auf der gleichen Linie liegt eine Entscheidung des OLG Köln, das in einem Fall, in dem ein Zeitschriftenwerber jemanden unter Vorspiegelung sozialer Zwecke zur Bestellung eines Abonnements veranlaßt hatte, einen betrugsrelevanten Schaden mit der Erwägung verneinte, daß die sich gegenüberstehenden Verpflichtungen gleichwertig seien[8]. In der Literatur lehnt man die Berücksichtigung des Zweckverfehlungsgesichtspunkts bei wirtschaftlich ausgeglichenen Geschäften überwiegend ebenfalls unter Hinweis darauf ab, daß es an dem bei wirtschaftlicher Betrachtungsweise unerläßlichen Minussaldo fehle[9].

---

[3] SK, § 263 Rdn. 159.
[4] *Gallas*, a.a.O., S. 435.
[5] RG HRR 1938, 864, 921.
[6] KG JR 1962, 26 f.; OLG Düsseldorf JMBl NRW 1958, 249 f.; OLG Hamm GA 1962, 219 f.
[7] RGSt. 73, 382; vgl. auch RGSt. 50, 316, wo ein Heereslieferant, der entgegen seiner Verpflichtung bestimmte Lohnsätze nicht eingehalten hatte, vom Vorwurf des Betruges freigesprochen wurde, weil Ware und Preis sich wertmäßig entsprachen und das Interesse des Staates auf Einhaltung der Lohnsätze nicht vermögensrechtlicher, sondern „wesentlich sozialpolitischer Art" gewesen sei.
[8] OLG Köln NJW 1979, 1419 f.; a.A. insoweit aber AG Mannheim MDR 1960, 945 f.
[9] H.M.; *Lackner*, LK, § 263 Rdn. 177; *Schönke/Schröder/Cramer*, § 263 Rdn. 101 ff.; *Welzel*, LB, S. 375.

2. Stellungnahme

Zustimmung verdient die zuletzt genannte Auffassung. Die Heranziehung des Zweckverfehlungsgedankens zur Schadensbegründung bei gleichwertiger Gegenleistung läuft letztlich auf eine Ausdehnung des Betrugstatbestands auf bloße Verletzungen der Dispositionsfreiheit hinaus, die mit dem Charakter des Betrugs als Vermögensdelikt nicht zu vereinbaren ist. Wollte man bereits die bloße Zweckverfehlung zur Schadensbegründung ausreichen lassen, verlöre das Merkmal des Vermögensschadens jede eigenständige tatbestandsbegrenzende Funktion, da dann schon jede irrtumsbedingte Vermögensverfügung, die den ihr beigelegten Zweck verfehlt, zwangsläufig zur Bejahung des Betrugstatbestands führen müßte. Unter dem Gesichtspunkt der Rechtssicherheit erschiene es zudem bedenklich, wenn die Grenzen der Strafbarkeit ausschließlich durch die subjektiven Zwecksetzungen des getäuschten Vermögensinhabers bestimmt würden[10].

Dem kann auch nicht entgegengehalten werden, daß dann die gleichen Zwecksetzungen, die bei unentgeltlichen Geschäften als vermögensrelevant angesehen werden, bei wirtschaftlich ausgeglichenen Geschäften unberücksichtigt blieben[11]. Bei unentgeltlichen Leistungen resultiert die Vermögensrelevanz bestimmter Leistungszwecke gerade daraus, daß die Zweckerreichung durch den Einsatz geldwerter Mittel erkauft wird und so in einer einem wirtschaftlich wertvollen Gut ähnlichen Weise kommerzialisiert ist[12]. Eine vergleichbare Aufopferung wirtschaftlicher Werte ist dagegen bei den mit einer wirtschaftlich ausgeglichenen Leistung verfolgten Zwecken gerade nicht festzustellen, da der Verfügende infolge der wirtschaftlich gleichwertigen Gegenleistung hier eine Vermögenseinbuße gar nicht erleidet. Anders als bei ganz oder teilweise unentgeltlichen Leistungen kann daher die Erfüllung des mit einem wirtschaftlich ausgeglichenen Geschäft verfolgten Zwecks von vornherein keinen im Hinblick auf die Schadensfeststellung beachtlichen Gegenwert für die vom Getäuschten erbrachte Leistung bilden, sondern lediglich ein die Disposition des Getäuschten berührendes Motiv betreffen. Ist der infolge der Verfügung eingetretene Vermögensverlust bereits durch eine wirtschaftlich gleichwertige Gegenleistung ausgeglichen, kann daher die Verfehlung eines über den wirtschaftlichen Ausgleich hinausgehenden Zwecks einen Vermögensschaden nicht mehr begründen.

Ein Schaden läßt sich darüber hinaus auch nicht durch die Heranziehung der beim Erfüllungsbetrug geltenden Grundsätze konstruieren[13]. Beim Erfüllungsbetrug besteht der Schaden darin, daß der Betroffene bei Erfüllung eines Austauschvertrages entweder weniger erhält oder mehr leistet, als dem Vertrags-

---

[10] Siehe dazu schon oben C. I. 5. a).
[11] So aber offenbar *Samson,* SK, § 263 Rdn. 159.
[12] Siehe dazu oben C. I. 6. a).
[13] So aber *Samson,* Strafrecht II, S. 214.

II. Wirtschaftlich gleichwertige Gegenleistung

inhalt entspricht. Diese Art der Schadensberechnung beruht darauf, daß die Beteiligten schon durch den Abschluß des Verpflichtungsgeschäfts ihrem Vermögen Ansprüche von wirtschaftlichem Wert zugeführt und entsprechende Verpflichtungen übernommen haben[14]. Einer Anwendung dieser Grundsätze auf die Zweckverfehlung bei wirtschaftlich ausgeglichenen Geschäften steht schon entgegen, daß der Zweckerfüllung hier gerade kein wirtschaftlicher Wert zukommt und dementsprechend auch die bloße Möglichkeit der Zweckerfüllung keinen bereits gegenwärtig zu berücksichtigenden Vertragswert begründen kann. Darüber hinaus dürfte es in Fällen der Zweckverfehlung regelmäßig auch an dem für den Erfüllungsbetrug vorausgesetzten Auseinanderfallen von Verpflichtungs- und Verfügungsgeschäft fehlen[15].

Kommt dem Gesichtspunkt der Zweckverfehlung bei wirtschaftlich ausgeglichenen Geschäften somit keine Bedeutung zu, so ist ein Vermögensschaden etwa auch dann zu verneinen, wenn jemand eine Konzertkarte nur deshalb kauft, weil ihm vorgespiegelt wird, er werde im Konzert eine heiratslustige Witwe vorfinden[16]. Da der mit der Entrichtung des Eintrittspreises verbundene Vermögensverlust bereits durch den Konzertbesuch voll ausgeglichen ist, fehlt es insoweit an der für die Schadensbestimmung unerläßlichen wirtschaftlichen Einbuße. Dem Verfehlen des darüber hinaus verfolgten Zwecks, in dem Konzert die Bekanntschaft einer heiratslustigen Witwe zu machen, kommt als bloß dispositionsbestimmendem Motiv daneben keine vermögensmäßige Bedeutung zu.

Soweit die Rechtsprechung gleichwohl eine Heranziehung des Zweckverfehlungsgesichtspunkts zur Schadensbegründung bei nominell ausgeglichener Gegenleistung erwogen hat, fehlt es überdies vielfach schon an einem praktischen Bedürfnis. Tatsächlich lag in den erörterten Fällen bereits die Bejahung eines wirtschaftlichen Wertverlusts nahe, so daß es insoweit auf eine Heranziehung des Zweckverfehlungsgesichtspunkts gar nicht ankam. Dies gilt insbesondere für die die Vergabe zinsverbilligter Kredite betreffenden Entscheidungen des KG[17] und des OLG Hamm[18], bei denen ein Schaden schon im Hinblick auf den gegenüber den marktüblichen Zinsen geringeren Zinssatz hätte bejaht werden können. Auch im Verkehrswachtfall des OLG Düsseldorf[19] liegt die Annahme nahe, daß die vom Angeklagten durchgeführte Unterhaltungsveran-

---

[14] Vgl. *Lackner*, LK, § 263 Rdn. 227.
[15] Vgl. dazu auch *Samson*, Strafrecht II, S. 214.
[16] Vgl. *Welzel*, LB, S. 375; a.A. insoweit *Hirschberg*, Vermögensbegriff, S. 313 f., der zu bloß konsumptiven Zwecken erworbene unveräußerliche Werte bei der Schadensermittlung auch dann nicht berücksichtigen will, wenn diese durch Aufwendung von wirtschaftlichen Werten erkauft worden sind und dementsprechend in vergleichbaren Fällen einen Vermögensschaden ohne Rücksicht auf die Gründe, aus denen dem Empfänger die Leistung nicht genehm ist, annehmen will.
[17] JR 1962, 26 f.
[18] GA 1962, 219 f.
[19] JMBl NRW 1958, 249 f.

staltung ihren Preis nur im Hinblick auf die vorgespiegelte Unterstützung der Verkehrswacht wert war.

Was schließlich die sogenannten Zeitschriftenbetrugsfälle angeht, bei denen jemand unter Vorspiegelung eines karitativen Zwecks zum Bezug einer ihn nicht interssierenden, aber ihren Preis werten Zeitschrift bewogen wird[20], kommt eine Schadensbegründung allenfalls in den engen Grenzen des individuellen Schadenseinschlags in Betracht[21], wobei allerdings zu beachten ist, daß die Schadenseinschätzung nicht der subjektiven Willkür des Geschädigten überlassen werden kann[22].

Nach der grundlegenden Entscheidung des BGH im Melkmaschinenfall[23] soll bei einer nach abstrakt wirtschaftlichen Maßstäben gleichwertigen Gegenleistung ein Vermögensschaden gleichwohl dann anzunehmen sein, wenn der Verletzte die angebotene Leistung nicht oder nicht in vollem Umfang zu dem vertraglich vorausgesetzten Zweck oder in anderer zumutbarer Weise verwenden kann, wenn der Erwerber durch die eingegangene Verpflichtung zu vermögensschädigenden Maßnahmen genötigt wird oder infolge der Verpflichtung nicht mehr über die Mittel verfügen kann, die zur ordnungsgemäßen Erfüllung seiner Verbindlichkeiten oder sonst für eine seinen persönlichen Verhältnissen angemessene Wirtschafts- oder Lebensführung unerläßlich sind.

Diesen Grundsätzen kann jedoch nur hinsichtlich des an erster Stelle genannten Gesichtspunkts gefolgt werden, demzufolge sich ein Schaden auch aus der fehlenden oder verminderten Brauchbarkeit der angebotenen Gegenleistung ergeben kann. Dabei ist zu berücksichtigen, daß ein und derselbe Gegenstand nicht für jedermann denselben Wert zu haben braucht[24] und auch der jeweilige Verkehrs- oder Marktwert entscheidend durch die konkreten Gebrauchs- und Nutzungsmöglichkeiten[25] bestimmt wird. Von daher erscheint es berechtigt, trotz objektiv gleichwertiger Gegenleistung einen Vermögensschaden dann anzunehmen, wenn der Verletzte die angebotene Leistung nicht zu dem vertraglich vorausgesetzten Zweck oder in anderer zumutbarer Weise verwenden kann[26].

---

[20] Vgl. OLG Köln, NJW 1979, 1419 f.; AG Mannheim MDR 1960, 945 f.
[21] OLG Köln NJW 1979, 1420; *Lackner*, LK,§ 263, Rdn. 177.
[22] *Cramer*, Vermögensbegriff, S. 103.
[23] BGHSt. 16, 321.
[24] *Schönke/Schröder/Cramer*, § 263 Rdn. 121.
[25] Vgl. dazu *Lackner*, LK,§ 263 Rdn. 156.
[26] Dieser Gesichtspunkt ist im Schrifttum jedenfalls insoweit unangefochten, als niemand eine Einschränkung der individuellen Schadenskomponente fordert. Eine weitergehende Individualisierung wird dagegen befürwortet von *Jakobs*(JuS 1977, 228), *Schlüchter* (MDR 1974, 617, 619) und *Franzheim/Krug*) GA 1975, 97), die in Fällen, in denen dem Getäuschten eine nicht gewollte Leistung aufgenötigt wird, einen Schaden schon dann annehmen wollen, wenn der Betroffene die angebotene Gegenleistung nur nicht gebrauchen will. Eine derart weitgehende Subjektivierung ist aber abzulehnen, da damit der Grundsatz der objektiven

Abzulehnen ist dagegen eine allein auf die Einschränkung der wirtschaftlichen Bewegungsfreiheit gestützte Schadensbegründung. Denn sowohl die vermögensschädigenden Maßnahmen, zu denen der Betroffene erst infolge der eingegangenen Verpflichtung gezwungen ist, als auch die aus einer solchen Verpflichtung resultierende Beschränkung der wirtschaftlichen oder persönlichen Lebenshaltung sind nur mittelbare Folgen der irrtumsbedingten Vermögensverfügung, die dem durch das Erfordernis der Unmittelbarkeit der Schadenszufügung eingeschränkten Betrugstatbestand nicht unterfallen. Derartige außerhalb des Verhältnisses von Leistung und Gegenleistung liegende Faktoren können daher bei der Schadensermittlung keine Berücksichtigung finden[27].

Unter dem Gesichtspunkt des individuellen Schadenseinschlags kann daher auch in den Zeitschriftenbezugsfällen, bei denen eine Einschränkung der wirtschaftlichen Bewegungsfreiheit ohnehin kaum einmal praktisch werden wird, ein Vermögensschaden nur dann angenommen werden, wenn der Getäuschte die angebotene Zeitschrift nicht zu dem vertraglich vorausgesetzten Zweck oder in anderer zumutbarer Weise verwenden kann. Mit dem Aspekt fehlender oder verminderter Brauchbarkeit kann ein Vermögensschaden bei der Bestellung einer ihren Preis werten Zeitschrift aber allenfalls dann begründet werden, wenn es sich um eine Fachzeitschrift handelt, für deren Verständnis dem Besteller die erforderliche Vorbildung fehlt. Das fehlende Interesse am Inhalt der bestellten Zeitschrift allein reicht dagegen zur Schadensbegründung nicht aus[28]. Daher ist ein betrugsrelevanter Schaden dann zu verneinen, wenn jemand durch die Vorspiegelung eines karitativen Zwecks zum Erwerb einer ihn nur nicht interessierenden Zeitschrift veranlaßt wird[29].

III. Ergebnis

Zusammenfassend ist festzustellen, daß den Zwecksetzungen des Vermögensinhabers ausschließlich bei ganz oder teilweise unentgeltlichen Leistungen Bedeutung zukommt. Dort sind die sich aus den Zwecksetzungen des Getäuschten unter Heranziehung des Kommerzialisierungsgedankens ergebenden Kompensationsverhältnisse in gleicher Weise zu berücksichtigen wie die Gegen-

---

Schadensermittlung preisgegeben und so die Grenze zur vom Betrug nicht geschützten Dispositionsfreiheit endgültig überschritten würde; vgl. zu dieser Kritik *Lackner*, LK, § 263 Rdn. 159. Zu dem sich aus außerstrafrechtlichen Bestimmungen ergebenden Schutz vor nicht gewollten Leistungen siehe *Sonnen*, JA 1982, 593 (594).

[27] Vgl. dazu *Schröder*, NJW 1962, 721 f.
[28] So aber AG Mannheim, MDR 1960, 945; zustimmend *Lackner*, LK, § 263 Rdn. 177; vgl. aber auch OLG Köln, NJW 1979, 1419.
[29] Da der Getäuschte hier weiß, daß ihn der Inhalt der Zeitschrift nicht interessiert, gilt das auch dann, wenn man bei einer vom Getäuschten nicht gewollten Gegenleistung bereits den fehlenden Gebrauchswillen zur Schadensbegründung ausreichen lassen will; vgl. dazu die Nachw. oben C. II. Fußn. 26.

leistung beim Austauschverhältnis. Bei der Zweckverfehlung liegt der Schaden dementsprechend darin, daß die Leistung des Getäuschten ohne Ausgleich in Form der Zweckerfüllung geblieben ist. Wird dagegen der mit der Leistung verfolgte Zweck tatsächlich auch erreicht, entfällt unter dem Gesichtspunkt des Schadensausgleichs bereits das Merkmal des Vermögensschadens. Neben der Anerkennung vermögensrelevanter Zwecksetzungen hat ein den Betrugstatbestand zusätzlich einschränkendes Kriterium der unbewußten Selbstschädigung keine Berechtigung. Zur Ausscheidung vom Betrug nicht erfaßter Angriffe gegen die Dispositionsfreiheit bedarf es lediglich der im Rahmen des Merkmals Vermögensschaden zu treffenden Feststellung, daß die infolge der Verfügung erlittene Vermögenseinbuße nicht durch eine gleichwertige Gegenleistung oder eine ihr gleichzusetzende Zweckerfüllung kompensiert worden ist. Bei wirtschaftlich ausgeglichener Gegenleistung kommt den Zwecksetzungen des Getäuschten dagegen keine Bedeutung zu. Es fehlt insoweit an dem für eine Vermögensbewertung vorausgesetzten Bezug zum wirtschaftlichen Opfer. Eine Schadensbegründung unter dem Gesichtspunkt des subjektiven Schadenseinschlags scheidet in den einschlägigen Fällen ebenfalls aus, da es insoweit an der erforderlichen Beeinträchtigung der vertragsmäßig vorausgesetzten Verwendung fehlt.

D. Schlußfolgerungen

Zu klären bleiben die eingangs aufgeworfenen Fragen nach der Berücksichtigung des Zweckverfehlungsgesichtspunkts bei anderen Vermögensdelikten, nach dem durch § 264 geschützten Rechtsgut sowie nach dem Verhältnis der §§ 264 und 263 zueinander.

I. Die Bedeutung des Zweckverfehlungsgesichtspunkts für andere Vermögensdelikte

Geht man davon aus, daß den §§ 253, 266 grundsätzlich derselbe Vermögens- und Schadensbegriff zugrundeliegt wie dem § 263[1], so müßten dieselben Zwecksetzungen, die für die Schadensfeststellung beim Betrug bedeutsam sind, prinzipiell auch bei den anderen Vermögensdelikten zu berücksichtigen sein.

1. Untreue

Eine verbreitete Ansicht im Schrifttum[2] hält dementsprechend die Zweckverfehlungstheorie auch bei § 266 uneingeschränkt für anwendbar. Ist der Täter beispielsweise beauftragt, Geld oder sonstige Mittel für Subventions- oder Spendenzwecke zu vergeben, so soll ein Vermögensnachteil i.S.d. § 266 nicht schon in der pflichtwidrigen (z.B. Verfahrensvorschriften verletzenden) Auszahlung der Mittel, sondern erst dann anzunehmen sein, wenn der Täter diese Mittel einem anderen als dem jeweiligen Subventions- oder Spendenzweck zuführt[3].

Nach anderer Ansicht[4] ist die Untreuevorschrift dem Zweckverfehlungsgedanken dagegen nicht zugänglich. Einer Anwendung auf § 266 soll entgegenstehen, daß es sich bei der Zweckverfehlung nicht um ein bloßes Schadensproblem handele, sondern in gleicher Weise die betrugsspezifischen Merkmale Täuschung und Irrtum tangiert seien.

---

[1] Vgl. *Hübner*, LK, § 266 Rdn. 90; *Schönke/Schröder/Lenckner*, § 266 Rdn. 39; jeweils mit weiteren Nachw.

[2] *Kohlmann/Brauns*, Fehlleitung, S. 93; *Otto*, Struktur, S. 307 ff.; *Rudolphi*, Klug-Festschrift, S. 315 (323 ff.); *Schönke/Schröder/Lenckner*, § 266 Rdn. 44; *Sebbel*, Tagungsberichte, XII. Band, Anlage 4, S. 58; *Weiß*, ZBR 1978, 1 (8).

[3] Vgl. *Schönke/Schröder/Lenckner*, § 266 Rdn. 44.

[4] *Neye*, Untreue, S. 43 ff.

Die Entscheidung dieser Streitfrage hängt damit davon ab, inwieweit es sich bei der Zweckverfehlung tatsächlich um ein betrugsspezifisches Problem handelt. Dabei ist zunächst von Bedeutung, daß auch bei § 263 mit Hilfe des Zweckverfehlungsgesichtspunkts ein betrugsrelevanter Schaden ohne inneren Widerspruch nur dann begründet werden kann, wenn bei Zweckerreichung Betrug nicht erst unter dem Gesichtspunkt einer bewußt vorgenommenen Selbstschädigung, sondern bereits deshalb entfällt, weil die Zweckerreichung den in der Verfügung liegenden Wertverlust kompensiert[5]. Damit kann einer Berücksichtigung sozialer Zwecksetzungen bei der Untreue jedenfalls nicht entgegengehalten werden, der Gesichtspunkt der Zweckverfehlung sei an die betrugsspezifischen Merkmale Täuschung und Irrtum gebunden[6]. Wie beim Betrug hängt die Berücksichtigung „sozialer" Zwecksetzungen bei der Schadensbestimmung allein davon ab, ob diese einer Vermögensbewertung unter Heranziehung des Kommerzialisierungsgedankens zugänglich sind[7]. Unterschiede zum Betrug ergeben sich jedoch insoweit nicht. Soweit einem bloß sozialen Zweck beim Betrug vermögensmäßige Bedeutung zugemessen wird, gilt dies in gleicher Weise für die Untreue. Bezweckt der Treugeber etwa die finanzielle Unterstützung einer karitativen Einrichtung, so ist dieser Unterstützungszweck in gleicher Weise wie beim Betrug bereits dadurch kommerzialisiert, daß eigens für die Verwirklichung dieses Zwecks wirtschaftliche Mittel aufgewendet werden. Wird dieser Zweck ungeachtet der Pflichtwidrigkeit des Treupflichtigen erreicht, fehlt es dementsprechend an dem für die Untreue erforderlichen Nachteil. Unter dem Gesichtspunkt der Zweckerfüllung scheidet eine Untreue deshalb etwa dann aus, wenn bei der Vergabe einer Subvention lediglich ein die Erreichung des Subventionszwecks nicht berührender Verstoß gegen bloß der Kontrolle und Erleichterung der Verwaltungstätigkeit dienende Vorschriften festzustellen ist[8]. Praktisch wird ein solcher lediglich die Ordnungsmäßigkeit der Verwaltung und des Subventionsverfahrens betreffender Verstoß allerdings nur dann anzunehmen sein, wenn eindeutig bloße Formalien, wie etwa örtliche Zuständigkeitsfragen, die Pflicht zur Stellung eines Antrags oder die Einhaltung bestimmter Fristen, betroffen sind[9].

---

[5] Siehe oben C. I. 4.
[6] So aber *Neye,* Untreue, S. 48.
[7] Dazu im einzelnen oben C. I. 6.
[8] Vgl. zur entsprechenden Problematik beim Betrug *Tiedemann,* Subventionskriminalität, S. 317 f., 100 f.; *ders.,* ZStW 86 (1974), 897 (912 ff.).
[9] Vgl. *Hack,* Subventionsbetrug, S. 105. Die Einhaltung bestimmter Fristen kann jedoch auch den Subventionszweck selbst betreffen. Dies ist etwa der Fall, wenn im Rahmen einer Konjunkturförderungsmaßnahme eine Investitionszulage nur für in einem bestimmten Zeitraum getätigte Erwerbungen gewährt wird; vgl. dazu BGHSt. 32, 256.

2. Erpressung

Geht man davon aus, daß ein und derselbe „soziale" Zweck, also etwa die Förderung einer karitativen Einrichtung, sowohl durch eine Täuschung, als auch mittels einer Nötigung verwirklicht werden kann, scheint es nahezuliegen, die Erreichung eines solchen Zwecks nicht anders als beim Betrug auch bei der Erpressung als Ausgleich für den infolge der Vermögenshingabe erlittenen Vermögensverlust anzusehen. Zu welch unerträglichen Ergebnissen eine solche Betrachtungsweise führen müßte, wird aber sogleich deutlich, wenn man sich vorstellt, daß eine karitativen Zwecken dienende Haussammlung nicht mit Mitteln der Täuschung, sondern unter Zuhilfenahme einer Pistole durchgeführt wird[10]. Die herrschende Lehre, die in Fällen einseitiger Vermögenshingabe nur auf die Erreichung des sozialen Zwecks abstellt[11], müßte, weil der mit der Haussammlung verfolgte Zweck tatsächlich auch erreicht wird, hier einen Vermögensschaden und damit Erpressung verneinen oder aber bei Betrug und Erpressung unterschiedliche Kriterien der Schadensfeststellung heranziehen[12]. In dieser untragbaren Konsequenz zeigt sich aber ein weiterer Mangel der lediglich an die sozialen Auswirkungen der Verfügung anknüpfenden herrschenden Lehre. Berücksichtigt man bei der Schadensfeststellung dagegen nur solche Zwecke, die einer Vermögensbewertung anhand des Kommerzialisierungsgedankens zugänglich sind, tauchen die sich für die herrschende Lehre im Bereich der Erpressung ergebenden Probleme gar nicht erst auf. Denn Anknüpfungspunkt für eine Kommerzialisierung ist nicht eine an der Verkehrsauffassung orientierte soziale oder wirtschaftliche Relevanz des jeweiligen Leistungserfolges, sondern die Bereitschaft des Verfügenden, seine Vermögenswerte gerade zur Verwirklichung dieser Zwecke einzusetzen[13]. Daran fehlt es aber, wenn dem Opfer mit den Mitteln der Willensbeugung eine fremde Zwecksetzung bloß aufoktroyiert wird. Denn dann ordnet der Verfügende die Vermögensminderung gerade nicht in der für eine Kommerzialisierung erforderlichen Weise als im Hinblick auf den verfolgten Zweck sinnvolle Ausgabe ein, sondern als bloße Schädigung infolge einer

---

[10] Vgl. das Beispiel von *Cramer*, Vermögensbegriff, S. 215.

[11] Vgl. hierzu insbesondere *Gallas*, Eb. Schmidt-Festschrift, S. 401 (434 f.); *Kohlrausch/ Lange*, Vorbem. II vor § 263; *Lackner*, LK, § 263 Rdn. 172; *Schröder*, NJW 1962, 721 (722); ders., JR 1962, 431 (432).

[12] Vgl. zur Kritik *Cramer*, Vermögensbegriff, S. 216, der diesem Dilemma dadurch aus dem Wege zu gehen können glaubt, daß er als im Rahmen der Schadensfeststellung beachtliche Zweckerfüllung nur die Befreiung von einer sittlichen Verbindlichkeit berücksichtigt. Darauf aufbauend soll eine Erpressung in Fällen dieser Art deshalb anzunehmen sein, weil im Hinblick darauf, daß der Verfügende seiner rechtlich nicht erzwingbaren, nur sittlichen Verbindlichkeit nicht nachkommen wolle und es ihm freistehe, die moralische Pflicht zu erfüllen, das Freiwerden von der Verbindlichkeit kein ausreichendes Äquivalent darstelle (a.a.O. S. 215). Diese Konstruktion bietet aber schon deshalb keine überzeugende Alternative, weil mit der Erfüllung einer sittlichen Verbindlichkeit auch bei freiwillig vorgenommenen Verfügungen ein Schadensausschluß nicht zu erklären ist; dazu oben C. I. 5. c).

[13] Siehe dazu oben C. I. 9. a).

Nötigung[14]. Die Erreichung des dem Opfer im Rahmen einer Erpressung bloß aufgenötigten Zwecks kann daher der Annahme eines Vermögensschadens niemals entgegenstehen.

II. Die Auswirkungen des Zweckverfehlungsgesichtspunkts auf die Interpretation des § 264

Besondere Bedeutung erlangt der Gesichtspunkt der Zweckverfehlung für die Frage, welches Rechtsgut durch den Subventionsbetrug des § 264 geschützt ist. Damit verbunden sind zwei weitere Probleme, die sich bei der Interpretation dieser Vorschrift ergeben. Das erste betrifft den Deliktscharakter des § 264. Während der Subventionsbetrug nach herrschender Meinung als abstraktes Gefährdungsdelikt anzusehen ist, glaubt *Tiedemann*[1] neuerdings den sich aus dieser Einordnung in bezug auf den Schuldgrundsatz ergebenden Problemen dadurch aus dem Weg gehen zu können, daß er die Vorschrift im Hinblick auf die seiner Ansicht nach allein geschützte Dispositionsfreiheit des Staates[2] als Erfolgsdelikt ansieht.

Ein weiteres mit der Rechtsgutfrage zusammenhängendes Problem betrifft das Verhältnis des § 264 zu anderen Delikten. Hier ist ebenfalls mit dem Argument, geschütztes Rechtsgut sei nicht das Vermögen, sondern die Dispositionsfreiheit des Staates, argumentiert worden, die §§ 264 und 263 könnten in Idealkonkurrenz zueinander stehen[3].

1. Das Rechtsgut des § 264

Die bereits in den Gesetzesberatungen zum Ausdruck gekommene Ansicht, geschütztes Rechtsgut könne nur die staatliche Dispositionsfreiheit sein, stützt sich in erster Linie auf die Zweifel an der Berechtigung einer Schadensbegründung mit Hilfe der Zweckverfehlungslehre[4].

Verständlich ist diese Argumentation nur auf dem Boden der Lehre vom Erfordernis der unbewußten Selbstschädigung, derzufolge die bewußt herbeige-

---

[14] Dazu schon oben C. I. 9. a); vgl. auch *Otto*, Struktur, S. 302 f., der aus der Sicht der personalen Vermögensauffassung zum gleichen Ergebnis gelangt, ohne allerdings auf den Kommerzialisierungsgedanken einzugehen.

[1] LK, § 264 Rdn. 13; *ders.*, Strafrechtskolloquium S. 223 (230 f.).

[2] Kritisch zu der Tendenz, das geschützte Rechtsgut des § 264 nicht im Vermögen, sondern in der staatlichen Planungs- und Dispositionsfreiheit zu sehen, neben den oben S. 3, Fußn. 5 genannten Autoren auch *Hirsch*, H. Kaufmann-Gedächtnisschrift, S. 133 (151), Anm. 54, der darauf hinweist, daß dann die vom Gesetzgeber gewählte Bezeichnung als Subventions*betrug* erst recht verfehlt sei, da Betrug i.S. des StGB jedenfalls ein Vermögensdelikt voraussetze.

[3] Siehe die Nachw. oben A., Fußn. 17.

[4] Siehe die Nachw. oben A.

führte Vermögensminderung keinen betrugsrelevanten Vermögensangriff, sondern lediglich eine Beeinträchtigung der durch den Betrug nicht geschützten Dispositionsfreiheit beinhalten soll[5]. Denn zu der Annahme, daß durch die Verfehlung des mit einer Subvention verfolgten Zwecks bloß die staatliche Planungs- und Dispositionsfreiheit betroffen sein könne, kann man nur dann gelangen, wenn man nicht schon die durch die täuschungsbedingte Vergabe einer Subvention eingetretene Vermögensminderung als solche als betrugsrelevante Schädigung des Vermögens ansieht.

Nach der hier vertretenen Ansicht, derzufolge eine Beschränkung des Betrugstatbestands auf unbewußte Selbstschädigungen abzulehnen ist[6], begründet die Verfehlung des mit einer Subvention bezweckten Erfolgs schon deshalb einen betrugsrelevanten Vermögensangriff, weil der durch die Subventionsgewährung bewirkten Vermögensverfügung auf seiten des Staates keine im Hinblick auf die Schadensfeststellung als Ausgleich zu berücksichtigende Gegenleistung des Subventionsnehmers gegenübersteht.

Die Subventionserschleichung stellt sich jedoch auch dann als ein betrugsrelevanter Vermögensangriff dar, wenn man der Lehre vom Erfordernis der unbewußten Selbstschädigung folgt. Nicht anders als bei sonstigen ganz oder teilweise unentgeltlichen Leistungen ist auch bei der Subventionsvergabe die Erreichung des mit der Subventionierung verfolgten Zwecks grundsätzlich als Gegenleistung für die verausgabten staatlichen Mittel anzusehen[7]. Da bei einer Täuschung über das Vorliegen der Vergabevoraussetzungen die Vergabestelle über die Erreichbarkeit dieses Zwecks irrt, bliebe ihr die schädigende Auswirkung ihrer Verfügung ebenso unbewußt wie bei einer Täuschung über die Gegenleistung bei Austauschverhältnissen und begründet daher auch auf der Grundlage der den Betrug als unbewußte Selbstschädigung charakterisierenden Ansicht einen betrugsrelevanten Vermögensangriff.

Damit erweist sich die Annahme, daß es sich bei der Subventionserschleichung lediglich um einen Angriff auf die Dispositionsfreiheit handeln könne, auch dann als unbegründet, wenn man beim Betrug eine unbewußte Selbstschädigung verlangt. Für die Ansicht, § 264 schütze nicht das Vermögen, sondern die staatliche Dispositionsfreiheit, ist unter diesen Umständen kein Raum.

2. Konsequenzen der Rechtsgutsbestimmung für Deliktsnatur und Konkurrenzen

Für die eingangs aufgeworfenen Fragen nach Deliktsnatur und Verhältnis des § 264 zur allgemeinen Betrugsvorschrift ergibt sich danach folgendes:

---

[5] Zu dieser Argumentation siehe oben C. I. 9. b) gg).
[6] Zur Begründun siehe oben C. I. 9. b).
[7] Dazu im einzelnen oben C. I. 7. a).

D. Schlußfolgerungen

Angesichts dessen, daß geschütztes Rechtsgut das Vermögen und nicht etwa nur die staatliche Dispositionsfreiheit ist, erweist sich der von *Tiedemann* angedeutete Weg, § 264 im Hinblick auf das zuletzt genannte Schutzgut als Erfolgsdelikt anzusehen, als nicht gangbar. Die sich aus der Einordnung als abstraktes Gefährdungsdelikt ergebenden Probleme behalten damit in vollem Umfang Gültigkeit. Schließlich ergibt sich aus der Einordnung des § 264 als Vermögensdelikt, daß entgegen der im Schrifttum geäußerten Ansicht Idealkonkurrenz zwischen §§ 263 und 264 ausscheidet. Angesichts der mit § 263 identischen Strafdrohung und im Hinblick darauf, daß § 264 nicht lediglich die bloße Gefährdung sondern auch die Verletzung des Vermögens erfaßt, ist § 264 vielmehr als lex specialis anzusehen, hinter der § 263 zurücktritt[8].

---

[8] Wie hier die h.M.; vgl. *Dreher/Tröndle*, § 264 Rdn. 6; *Lackner*, § 264 Anm. 10; *Schönke/Schröder/Lenckner*, § 264 Rdn. 87; *Tiedemann*, LK, § 264 Rdn. 134 jeweils mit weiteren Nachw.; voll zur Anwendung gelangt § 263 dagegen bei den von § 264 nicht erfaßten Sozial- und Kultursubventionen, vgl. *Samson*, SK, § 264 Rdn. 103.

Literaturverzeichnis

Amelung, Knut: Rechtsgüterschutz und Schutz der Gesellschaft, Frankfurt/Main 1972 (zitiert: Rechtsgüterschutz).

Arzt, Gunther: Strafrecht, Besonderer Teil, LH 3: Vermögensdelikte (Kernbereich), 2. Auflage, Bielefeld 1986 (zitiert: LH 3).

Arzt, Gunther/*Weber,* Ulrich: Strafrecht, Besonderer Teil, LH 4: Wirtschaftsstraftaten. Vermögensdelikte (Randbereich), Fälschungsdelikte, Bielefeld 1980 (zitiert: LH 4).

Backmann, Leonhard: Die Abgrenzung des Betrugs von Diebstahl und Unterschlagung, Köln 1974.

Berz, Ulrich: Das Erste Gesetz zur Bekämpfung der Wirtschaftskriminalität, BB 1976, S. 1435 ff.

Binding, Karl: Lehrbuch des gemeinen Strafrechts, Besonderer Teil, 1. Band, Leipzig 1902 (zitiert: Lehrbuch BT 1).

Blei, Hermann: Strafrecht II, Besonderer Teil, 12. Auflage, München 1983 (zitiert: Strafrecht II).

Bockelmann, Paul: Der Unrechtsgehalt des Betruges, in: Festschrift für Eduard Kohlrausch, hrsg. von Paul Bockelmann u.a., Berlin 1944, S. 226.

– Strafrecht, Besonderer Teil 1 (Vermögensdelikte) 2. Auflage, München 1982 (zitiert: BT 1).

Böhmer, Emil: Immaterieller Schaden ist kein Vermögensschaden, MDR 1964, S. 453 ff.

Borst, Kurt: Der zukünftige Betrugsbegriff, JW 1935, S. 1221 ff.

Brinker, Jürgen: Die Dogmatik zum Vermögensschadensersatz, Berlin 1982 (zitiert: Dogmatik).

Bruns, Hans-Jürgen: Die Befreiung des Strafrechts vom zivilistischen Denken, Berlin 1938.

Cramer, Peter: Vermögensbegriff und Vermögensschaden im Strafrecht, Berlin, Zürich 1968 (zitiert: Vermögensbegriff).

– Grenzen des Vermögensschutzes im Strafrecht, OLG Hamburg NJW 1966, S. 1525, JuS 1966, S. 472 ff.

– Kausalität und Funktionalität der Täuschungshandlung im Rahmen des Betrugstatbestandes, JZ 1971, S. 415 f.

Diederichsen, Uwe: Argumentationsstrukturen in der Rechtsprechung zum Schadensersatzrecht, in: Festschrift für Ernst Klingmüller, hrsg. von Fritz Hauss und Reimer Schmidt, Karlsruhe 1974, S. 65 ff. (zitiert: Klingmüller-Festschrift).

Diemer-Nicolaus, Emmy: Der Subventionsbetrug, in: Festschrift für Erich Schmidt-Leichner, München 1977, S. 31 ff. (zitiert: Schmidt-Leichner-Festschrift).

Dölling, Dieter: Betrug und Bestechlichkeit durch Entgeltannahme für eine vorgetäuschte Dienstpflichtverletzung? – BGH, NJW 1980, 2203, NJW 1981, S. 570 ff.

Dreher, Eduard / *Tröndle,* Herbert: Strafgesetzbuch und Nebengesetze, 43. Auflage, München 1986 (zitiert: Dreher/Tröndle).

Eberle, Lutz: Der Subventionsbetrug nach Paragraph 264 StGB – Ausgewählte Probleme einer verfehlten Reform, Göttingen 1983 (zitiert: Suventionsbetrug).

Ellmer, Manfred: Betrug und Opfermitverantwortung, Berlin 1986 (zitiert: Betrug).

Ellscheid, G.: Das Problem der bewußten Selbstschädigung beim Betrug, GA 1971, S. 161 ff.

Esser, Josef / *Schmidt,* Eike: Schuldrecht, Band I, 6. Auflage, Heidelberg 1984 (zitiert: Esser/Schmidt).

Erman, Walter: Handkommentar zum Bürgerlichen Gesetzbuch, 7. Auflage, Münster 1981 (zitiert: Erman/Bearbeiter).

Frank, Reinhard: Das Strafgesetzbuch für das Deutsche Reich, 18. Auflage, Tübingen 1931 (zitiert: Frank).

Frisch, Wolfgang: Funktion und Inhalt des „Irrtums" im Betrugstatbestand, in: Festschrift für Paul Bockelmann zum 70. Geburtstag am 7. Dezember 1978, München 1979, S. 647 ff. (zitiert: Bockelmann-Festschrift).

Frommel, Monika: Rezension Hack, Christoph, Probleme des Tatbestands Subventionsbetrug, § 264 StGB, unter dem Blickwinkel allgemeiner strafrechtlicher Lehren, Berlin 1982, NJW 1983, S. 270.

Gallas, Wilhelm: Der Betrug als Vermögensdelikt, in: Festschrift für Eberhard Schmidt zum 70. Geburtstag, hrsg. von Paul Bockelmann und Wilhelm Gallas, 2. Auflage, Göttingen 1961, S. 401 ff. (zitiert: Eb. Schmidt-Festschrift).

Gerland, Heinrich B.: Deutsches Reichsstrafrecht, 2. Auflage, Berlin, Leipzig 1932 (zitiert: Lehrbuch).

Göhler, Erich / *Wilts,* Walter: Das Erste Gesetz zur Bekämpfung der Wirtschaftskriminalität, DB 1976, S. 1609 ff., 1657 ff.

Goltdammer, Theodor: Die Materialien zum Strafgesetzbuch für die Preußischen Staaten, II. Besonderer Teil, Berlin 1852 (zitiert: Materialien).

Grünhut, Max: Der strafrechtliche Schutz wirtschaftlicher Interessen, in: Die Reichsgerichtspraxis im deutschen Rechtsleben, Festgabe der juristischen Fakultäten zum 50jährigen Bestehen des Reichsgerichts (1. Oktober 1929), hrsg. von Otto Schreiber, 5. Band, Strafrecht und Strafprozeß, Berlin und Leipzig 1929, S. 116 ff. (zitiert: Reichsgericht-Festgabe).

Grunsky, Wolfgang: Bearbeitung der §§ 249-255 BGB in: Münchener Kommentar zum Bürgerlichen Gesetzbuch, hrsg. von Kurt Rebmann und Franz Jürgen Säcker, Band 2, Schuldrecht, Allgemeiner Teil, 2. Auflage, München 1985 (zitiert: Grunsky, Münchener Kommentar).

Günther, Ludwig: Zur Kombination von Täuschung und Drohung bei Betrug und Erpressung, ZStW 88 (1976), S. 960 ff.

Gutmann, Alexander: Der Vermögensschaden beim Betrug im Licht der neueren höchstrichterlichen Rechtsprechung, MDR 1963, S. 3 ff., S. 91 ff.

Hack, Christoph: Problem des Tatbestands Subventionsbetrug, § 264 StGB, unter dem Blickwinkel allgemeiner strafrechtlicher Lehren, Berlin 1982 (zitiert: Subventionsbetrug).

Hälschner, Hugo: Das gemeinsame deutsche Strafrecht, Zweiter Band, Besonderer Teil, Bonn 1884 (zitiert: LB).

Hardwig, Werner: Beiträge zur Lehre vom Betruge, GA 1956, S. 6 ff.

Heinitz, Ernst: Anmerkungen zu BGHSt. 22, 88, JR 1968, S. 387 f.

Heinz, Wolfgang: Die Bekämpfung der Wirtschaftskriminalität mit strafrechtlichen Mitteln – unter besonderer Berücksichtigung des 1. WiKG, GA 1977, S. 193 ff., 225 ff.

Henkel, Heinrich: Anmerkung zu RG Urt. v. 29.9.1938, 2 D 472/38, ZAkDR 1939, S. 133 f.

Herzberg, Rolf Dietrich: Bewußte Selbstschädigung beim Betrug, MDR 1972, S. 93 ff.

– Konkurrenzverhältnisse zwischen Betrug und Erpressung – BGHSt. 23, 294, JuS 1972, S. 570 ff.

Hirsch, Hans Joachim: Literaturbericht: Strafrecht – Besonderer Teil (1. Teil), ZStW 81 (1969), S. 917 ff.

– Bearbeitung der Vorbemerkungen vor § 32 StGB, in: Leipziger Kommentar, Strafgesetzbuch, Großkommentar, hrsg. von Hans-Heinrich Jescheck, Wolfgang Ruß, Günther Willms, Zweiter Band, 10. Auflage, Berlin, New York 1985 (zitiert: Hirsch, LK).

– Bilanz der Strafrechtsreform, in: Gedächtnisschrift für Hilde Kaufmann, hrsg. von Hans Joachim Hirsch, Günther Kaiser und Helmut Marquardt, Berlin, New York 1986, S. 133 ff. (zitiert: H. Kaufmann-Gedächtnisschrift).

Hirschberg, Rudolf: Der Vermögensbegriff im Strafrecht, Berlin 1934 (zitiert: Vermögensbegriff).

Honsell, Heinrich: Die mißlungene Urlaubsreise – BGHZ 63, 98, JuS 1976, S. 222 f.

Hoppenz, Rainer: Die dogmatische Struktur des Betrugstatbestands, dargestellt an Hand der Fälle der Erschleichung von Aktien im Rahmen der Privatisierung von Bundesvermögen, jur. Diss. Freiburg i.Br. 1968 (zitiert: Struktur).

Hübner, Engelbert: Bearbeitung des § 266 StGB, in: Leipziger Kommentar, Strafgesetzbuch, Großkommentar, hrsg. von Hans-Heinrich Jescheck, Wolfgang Ruß, Günther Willms, 10. Auflage, 18. Lieferung, Berlin, New York 1979 (zitiert: Hübner, LK).

Jecht, Hans: „Überhöhte" Preisforderung und Betrugstatbestand, GA 1963, S. 41 ff.

Jescheck, Hans-Heinrich: Lehrbuch des Strafrechts, Allgemeiner Teil, 3. Auflage, Berlin 1978 (zitiert: LB).

Joecks, Wolfgang: Die Vermögensverfügung beim Betrug, Köln 1982 (zitiert: Vermögensverfügung).

Jung, Heike: Das Erste Gesetz zur Bekämpfung der Wirtschaftskriminalität (1. WiKG), JuS 1976, S. 757 ff.

Kaufmann, Arthur: Subsidiaritätsprinzip und Strafrecht, in: Festschrift für Heinrich Henkel, Grundfragen der gesamten Strafrechtswissenschaft, hrsg. von Claus Roxin, in Verbindung mit Hans-Jürgen Bruns und Heribert Jäger, Berlin, New York 1974, S. 89 ff. (zitiert: Henkel-Festschrift).

Köstlin, Christian Reinhold: Abhandlungen aus dem Strafrechte, Tübingen 1858 (zitiert: Abhandlungen).

Kohlmann, Günter / *Brauns*, Uwe: Zur strafrechtlichen Erfassung der Fehlleitung öffentlicher Mittel. Gutachten erstattet für den Bund der Steuerzahler, Wiesbaden 1979 (zitiert: Fehlleitung).

Kohlrausch, Eduard: Vermögensverbrechen im Wandel der Rechtsprechung und der Gesetzgebung, in: Festschrift für Franz Schlegelberger zum 60. Geburtstag, Beiträge zum Recht des neuen Deutschland, hrsg. von Erwin Bumke, Wilhelm Hedemann, Gustav Wilke, Berlin 1936, S. 203 ff. (zitiert: Schlegelberger-Festschrift).

Kohlrausch, Eduard/*Lange,* Richard: Strafgesetzbuch mit Erläuterungen und Nebengesetzen, 43. Auflage, Berlin 1961 (zitiert: Kohlrausch/Lange).

Kollhosser, Helmut: Bearbeitung der §§ 516-534 BGB in Münchener Kommentar zum Bürgerlichen Gesetzbuch, hrsg. von Kurt Rebmann und Franz Jürgen Säcker, Band 2, Schuldrecht, Besonderer Teil, 1. Halbband, München 1980, (zitiert: Kollhosser, Münchener Kommentar).

Krey, Volker: Strafrecht, Besonderer Teil, Bd. 2, Vermögensdelikte, 6. Auflage, Stuttgart 1985 (zitiert: BT 2).

Küppers, Karsten: Verdorbene Genüsse und vereitelte Aufwendungen im Schadensersatzrecht, Karlsruhe 1976 (zitiert: Genüsse).

Labsch, Karl Heinz: Untreue (§ 226 StGB), Lübeck 1983.

Lackner, Karl: Bearbeitung der § 263, 265, 265 a StGB, in: Leipziger Kommentar, Strafgesetzbuch, Großkommentar, hrsg. von Hans-Heinrich Jescheck, Wolfgang Ruß, Günther Willms, 10. Auflage, 18. Lieferung, Berlin, New York 1979 (zitiert: Lackner, LK).

– Strafgesetzbuch mit Erläuterungen, 17. Auflage, München 1987 (zitiert: Lackner).

Lange, Hermann: Schadensersatz, Tübingen 1979 (zitiert: Schadensersatz).

Larenz, Karl: Der Vermögensbegriff im Schadensersatzrecht, in: Festschrift für Hans Carl Nipperdey zum 70. Geburtstag, Band I, hrsg. von Rolf Dietz und Heinz Hübner, München 1965, S. 489 ff. (zitiert: Nipperdey-Festschrift).

– Lehrbuch des Schuldrechts, Erster Band, Allgemeiner Teil, 14. Auflage, München 1987 (zitiert: Schuldrecht I).

– Lehrbuch des Schuldrechts, Zweiter Band, Besonderer Teil, 1. Halbband, 13. Auflage, München 1986 (zitiert: Schuldrecht II 1).

Lenckner, Theodor: Kausalzusammenhang zwischen Täuschung und Vermögensschaden bei Aufnahme eines Darlehens für einen bestimmten Verwendungszweck, NJW 1971, S. 599 ff.

Leukauf, Otto/*Steininger,* Herbert: Kommentar zum Strafgesetzbuch, 2. Auflage, Eisenstadt 1979 (zitiert: Leukauf/Steininger).

Ley, Nikolaus: Die zivilrechtlichen Beziehungen der Parteien des Spendenvertrages, in: Stichwort Spendenwesen, hrsg. von Rainer Borgmann-Quade, Berlin 1982, S. 105 ff. (zitiert: Spendenwesen).

v. Liszt, Franz/*Schmidt,* Eberhard: Lehrbuch des Deutschen Strafrechts, 25. Auflage, Berlin, Leipzig 1927 (zitiert: Lehrbuch).

Löwe, Walter: Schadensersatz bei Nutzungsentgang von Kraftfahrzeugen?, VersR 1963, S. 307 ff.

– Gebrauchsmöglichkeit einer Sache als selbständiger Vermögenswert?, NJW 1964, S. 701 ff.

Lohmeyer, Heinz: Das Erste Gesetz zur Bekämpfung der Wirtschaftskriminalität, Stuttgart, Wiesbaden 1978 (zitiert: Wirtschaftskriminalität).

Maiwald, Manfred: Zum fragmentarischen Charakter des Strafrechts, in: Festschrift für Reinhart Maurach zum 70. Geburtstag, hrsg. von Friedrich-Christian Schroeder und Heinz Zipf, Karlsruhe 1972, S. 9 ff. (zitiert: Maurach-Festschrift).

- Buchbesprechungen, MschrKrim 1972, S. 191 ff.
- Belohnung für eine vorgetäuschte pflichtwidrige Diensthandlung, NJW 1981, S. 2777 ff.

Maurach, Reinhart/*Schroeder,* Friedrich-Christian: Strafrecht, Besonderer Teil, Teilband 1, Straftaten gegen Persönlichkeits- und Vermögenswerte, 6. Auflage, Heidelberg, Karlsruhe 1977 (zitiert: BT 1).

Maurach, Reinhart/*Zipf,* Heinz: Strafrecht, Allgemeiner Teil, Teilband 1, Grundlehren des Strafrechts und Aufbau der Straftat, 6. Auflage, Heidelberg 1983 (zitiert: AT 1).

Medicus, Dieter: Bürgerliches Recht, 13. Auflage, Köln 1987 (zitiert: Bürgerliches Recht).

Merkel, Adolf: Kriminalistische Abhandlungen, 2. Die Lehre vom strafbaren Betruge, Abt. 1: Die Entwicklung des Tatbestandes, Leipzig 1987 (zitiert: Krim. Abhandlungen).

Mertens, Hans-Joachim: Der Begriff des Vermögensschadens im Bürgerlichen Recht, Stuttgart 1967 (zitiert: Begriff).

Mezger, Hans-Robert: Bearbeitung der §§ 433-534 BGB, in: Das Bürgerliche Gesetzbuch, Kommentar, hrsg. von Mitgliedern des Bundesgerichtshofs, Band II, 2. Teil, 12. Auflage, Berlin, New York 1978 (zitiert: Mezger, RGRK).

Mohrbotter, Kurt: Die Stoffgleichheit beim Betrug, Göttingen 1966 (zitiert: Stoffgleichheit).

Müller, Walter: Schadensersatz auf Grund verdorbenen Urlaubs, Berlin 1986 (zitiert: Schadensersatz).

Müller-Emmert, Adolf/*Maier,* Bernhard: Das Erste Gesetz zur Bekämpfung der Wirtschaftskriminalität, NJW 1976, S. 1657 ff.

Neye, Hans-Werner: Untreue im öffentlichen Dienst, Köln 1981 (zitiert: Untreue).

Olshausen, Justus: Kommentar zum Strafgesetzbuch für das Deutsche Reich, 7. Auflage, Berlin 1906 (zitiert: Olshausen).

Otto, Harro: Zur Abgrenzung von Diebstahl, Betrug und Erpressung bei der deliktischen Verschaffung fremder Sachen, ZStW 79 (1967), S. 59 ff.

- Die Struktur des strafrechtlichen Vermögensschutzes, Berlin 1970 (zitiert: Struktur).
- Grundkurs Strafrecht, Die einzelnen Delikte, 2. Auflage, Berlin 1984 (zitiert: BT).

Palandt, Otto: Bürgerliches Gesetzbuch, 47. Auflage, München 1988 (zitiert: Palandt/Bearbeiter).

Pröll, Rudolf: Bettelbetrug und verwandte Fälle, GA 63 (1917), S. 411 ff.

Ranft, Otfried: Täterschaft beim Subventionsbetrug i.S.d. § 264 I Nr. 1 StGB – BGHSt. 32, 203, JuS 1986, S. 445 ff.

- Die Rechtsprechung zum sog. Subventionsbetrug (§ 264 StGB), NJW 1986, S. 3163.

Roxin, Claus: Bearbeitung der §§ 25-31 StGB, in: Leipziger Kommentar, Strafgesetzbuch, Großkommentar, hrsg. von Hans-Heinrich Jescheck, Wolfgang Ruß, Günther Willms, Erster Band, 10. Auflage, Berlin, New York 1985 (zitiert: Roxin, LK).

Rudolphi, Hans-Joachim: Das Problem der sozialen Zweckverfehlung beim Spendenbetrug, in: Festschrift für Ulrich Klug, Band II, hrsg. von Günter Kohlmann, Köln 1983, S. 315 ff. (zitiert: Klug-Festschrift).

Rudolphi, Hans-Joachim / *Horn,* Eckhard / *Samson,* Erich: Systematischer Kommentar zum Strafgesetzbuch, Bd. I, Allgemeiner Teil (§§ 1-79b), Loseblattausgabe, Stand: 7. Lieferung der 4. Auflage, Frankfurt/Main 1986; Bd. II, Besonderer Teil (§§ 80-358), Loseblattausgabe, Stand: 9. Lieferung der 3. Auflage, Frankfurt/Main 1987 (zitiert: Bearbeiter, SK).

Samson, Erich: Strafrecht II, 4. Auflage, Frankfurt 1983 (zitiert: Strafrecht II).

Sannwald, Detlef: Rechtsgut und Subventionsbegriff, § 264 StGB, Berlin 1982 (zitiert: Subventionsbegriff).

Schetting, Gerd: Rechtspraxis der Subventionierung, Berlin 1973 (zitiert: Rechtspraxis).

Schmidhäuser, Eberhard: Strafrecht, Besonderer Teil, Grundriß, 2. Auflage, Tübingen 1983 (zitiert: BT).

Schmidt, Eberhard: Literatur, JZ 1952, S. 542 f.

Schönke, Adolf / *Schröder,* Horst: Strafgesetzbuch, Kommentar, bearbeitet von Theodor Lenckner, Peter Cramer, Albin Eser, Walter Stree, 22. Auflage, München 1985 (zitiert: Schönke / Schröder / Bearbeiter).

Schröder, Horst: Grenzen des Vermögensschadens beim Betrug, NJW 1962, S. 721 f.

- Anmerkung zu OLG Hamburg, JR 1962, S. 430, JR 1962, S. 431 f.

Schultz, Günther: Blick in die Zeit, MDR 1963, S. 369.

Soergel, Hs. Th.: Bürgerliches Gesetzbuch, 11. Auflage, Stuttgart 1978 ff. (zitiert: Soergel / Bearbeiter).

Sonnen, Bernd-Rüdiger: Die soziale Zeckverfehlung als Vermögensschaden beim Betrug, GA 1982, S. 593 f.

Staudinger, J. v.: Kommentar zum Bürgerlichen Gesetzbuch, 12. Auflage, Berlin 1978 ff. (zitiert: Staudinger / Bearbeiter).

Stratenwerth, Günter: Schweizerisches Strafrecht, Besonderer Teil I, Straftaten gegen Individualinteressen, 3. Auflage, Bern 1983 (zitiert: BT 1).

Ströfer, Joachim: Schadensersatz und Kommerzialisierung, Berlin 1982 (zitiert: Schadensersatz).

Temme, Jodokus Deodatus Hubertus: Die Lehre vom strafbaren Betruge nach Preußischem Rechte, Berlin 1841 (zitiert: Betrug).

Tiedemann, Klaus: Die Fortentwicklung der Methoden und Mittel des Strafrechts unter besonderer Berücksichtigung der Entwicklung der Strafgesetzgebung, ZStW 86 (1974), S. 303 ff.

- Subventionskriminalität in der Bundesrepublik, Erscheinungsformen, Ursachen, Folgerungen, Reinbek bei Hamburg 1974 (zitiert: Subventionskriminalität).

- Wirtschaftsstrafrecht und Wirtschaftskriminalität, Bd. 1, Allgemeiner Teil, Reinbek bei Hamburg 1976 (zitiert: Wirtschaftsstrafrecht).

- Bearbeitung der §§ 264, 265b StGB in: Leipziger Kommentar, Strafgesetzbuch, Großkommentar, hrsg. von Hans-Heinrich Jescheck, Wolfgang Ruß, Günther Willms, 10. Auflage, 18. Lieferung, Berlin, New York 1979 (zitiert: Tiedemann, LK).

- Die Bekämpfung der Wirtschaftskriminalität durch den Gesetzgeber, in: Deutsch-Spanisches Strafrechtskolloquium 1986, hrsg. von Hans Joachim Hirsch, Baden-Baden 1987, S. 223 ff. (zitiert: Strafrechtskolloquium).

Tolk, Martin: Der Frustrierungsgedanke und die Kommerzialisierung immaterieller Schäden, Berlin 1977 (zitiert: Frustrierungsgedanke).

Volk, Klaus: Welche typischen Fallgestaltungen fehlerhafter Mittelzuwendung lassen sich aus Berichten der Rechnungshöfe bilden? Reicht der Tatbestand der Untreue aus, um strafwürdige Fälle zu erfassen? Welche Ansatzpunkte zu einer Reform gibt es?, Gutachten erstattet im Auftrag des Herrn Bundesministers der Justiz, Bonn 1979 (zitiert: Gutachten).

Weidemann, Jürgen: Das Kompensationsproblem beim Betrug, jur. Diss. Bonn 1972 (zitiert: Kompensationsproblem).

Weiß, Hans-Dietrich: Zur Verfolgung unwirtschaftlichen und unsparsamen Umgangs mit öffentlichen Mitteln bei Beamten, ZBR 1978, 1 ff.

Welzel, Hans: Das Deutsche Strafrecht, 9. Auflage, Berlin 1965, 10. Auflage 1967, 11. Auflage 1969 (zitiert: LB).

– Zum Schadensbegriff bei Betrug und Erpressung, NJW 1953, S. 652 f.

Wessels, Johannes: Strafrecht, Besonderer Teil – 2, Straftaten gegen Vermögenswerte, 9. Auflage, Heidelberg, Karlsruhe 1986 (zitiert: BT 2).

Wiese, Günther: Der Ersatz des immateriellen Schadens, Tübingen 1964 (zitiert: Ersatz).

Wolff, Hans J./*Bachof*, Otto: Verwaltungsrecht III, 4. Auflage, München 1978 (zitiert: Verwaltungsrecht III).

Zacher, Hans F.: Verwaltung durch Subvention, in: Veröffentlichungen der Vereinigung der Deutschen Staatsrechtslehrer (VVDStRL), Heft 25, Berlin 1967, S. 308 ff.

Zuleeg, Manfred: Die Rechtsform der Subventionen, Berlin 1965 (zitiert: Rechtsform).

Materialien

Bericht:	Bericht und Antrag des Sonderausschusses für die Strafrechtsreform zu dem von der Bundesregierung eingebrachten Entwurf eines Ersten Gesetzes zur Bekämpfung der Wirtschaftskriminalität (1. WiKG), BT-Drs. 7/5291, 3.6.1976 (zitiert: Bericht).
Protokolle:	Beratungen des Sonderausschusses für die Strafrechtsreform, 7. Wahlperiode, 79. und 90. Sitzung, S. 2467 ff. (zitiert: Prot.).
Tagungsberichte:	Tagungsberichte der Sachverständigenkommission zur Bekämpfung der Wirtschaftskriminalität – Reform des Wirtschaftsstrafrechts – Bd. 12, 12. Arbeitstagung in der Zeit vom 22. bis 26.11.1976 in Berlin, Bonn 1977 (zitiert: Tagungsberichte).

Printed by Libri Plureos GmbH
in Hamburg, Germany